ZHONGUO SHEHUI LINGYU
GAOZHILIANG FAZHAN YANJIU

中国社会领域高质量发展研究 2018

国家发展和改革委员会社会发展研究所　著

中国财经出版传媒集团
经济科学出版社
Economic Science Press

图书在版编目（CIP）数据

中国社会领域高质量发展研究 2018/国家发展和改革委员会社会发展研究所著．—北京：经济科学出版社，2020.8
ISBN 978－7－5218－1751－5

Ⅰ.①中… Ⅱ.①国… Ⅲ.①中国经济－经济发展－研究②社会发展－研究－中国 Ⅳ.①F124②D668

中国版本图书馆 CIP 数据核字（2020）第 137504 号

责任编辑：刘怡斐
责任校对：王苗苗
责任印制：邱　天

中国社会领域高质量发展研究 2018
国家发展和改革委员会社会发展研究所　著
经济科学出版社出版、发行　新华书店经销
社址：北京市海淀区阜成路甲 28 号　邮编：100142
编辑部电话：010－88191348　发行部电话：010－88191522
网址：www. esp. com. cn
电子邮箱：esp@ esp. com. cn
天猫网店：经济科学出版社旗舰店
网址：http：//jjkxcbs. tmall. com
北京财经印刷厂印装
710×1000　16 开　11 印张　300000 字
2020 年 8 月第 1 版　2020 年 8 月第 1 次印刷
ISBN 978－7－5218－1751－5　定价：45.00 元

序

质量是我们的自尊，也是我们的品位。追求高质发展是富起来向强起来过渡的重要标志。

党的十九大指出，进入新时代，我国社会主要矛盾已经转化为人民日益增长的对美好生活的需要与不平衡、不充分的发展之间的矛盾。坚持质量第一、效益优先已成为经济发展的必然要求。习近平同志特别强调，现阶段，我国经济发展的基本特征就是由高速增长阶段转向高质量发展阶段。这个基本特征，是我们抓经济工作必须把握的大前提、大逻辑。2017 年 12 月，习近平同志在几次重要会议上反复强调“推动高质量发展”，将这一要求贯穿到一系列重要部署当中。2017 年 12 月 6 日，习近平同志主持党外人士座谈会，征求对经济工作的意见和建议。2017 年 12 月 8 日，习近平同志主持中央政治局会议，分析研究 2018 年经济工作。两个会议都明确指出，高质量发展是我们当前和今后一个时期确定发展思路、制定经济政策、实施宏观调控的根本要求，必须深刻认识、全面领会、真正落实。①

经济需要高质量发展，那么社会领域的高质量发展如何联动？2018 年初，国家发展和改革委员会社会发展研究所积极响应习近平同志的高质量发展号召，将本年度财政部基本业务经费课题立项聚焦社会领域的高质量发展。该课题得到了社会所学术委员会杨宜勇、常兴华、谭永生、张本波、曾红颖、邢伟、李璐、魏国学等学术委员的精心指导。还有外部专家俞建国、高国力的指导。常兴华副所长总体负责该课题的组织协调工作，李欧、范宪伟同志给予了大力的行政支持，特此表示感谢。

只有敬业的精神，才有高质量的产品。该项研究成果全面展示了社

① 佚名．解码中央经济工作会议：2018 年高质量成为制定政策的根本要求［EB/OL］．新华网，http：//www. xinhuanet. com/fortune/2017 - 12/20/c_129771253. htm.

会发展研究所年轻科研人员的研究风采，特此推荐，广为传播，值得大家认真研读。其中，范宪伟、刘敏的研究成果获得当年度社会发展所基本业务经费课题优秀成果奖，其中，有的同志当年度在国家发展和改革委员会宏观经济研究院的财政部基本业务经费课题评比中，获得优秀成果奖励。是以为纪！

杨宜勇

2019 年 7 月 1 日

于北京木樨地国宏大厦

目　　录

加快推进我国义务教育学区制管理改革研究

关　博

内容提要：学区制管理作为我国［本文指除我国港、澳、台地区外，31 个省（区、市）］跨校际教育管理制度的创新，通过政策均衡、生源均衡、办学硬件均衡、师资力量均衡等形式，在改善义务教育公益性、普惠性方面取得了积极的进展，但也暴露出改革逻辑不清晰、改革自身动力缺失、优质资源共建能力不强、教育机会不均衡结构固化等方面的问题。为进一步完善学区制管理改革政策体系，促进义务教育均衡发展，要进一步明晰学区赋权，培育学区内生资源建设和发展动力机制，构建多方参与的学区共治体系，并通过均衡学校布局，完善招生、入学等配套政策扩大优质资源供给水平和提供效率。

一、研究背景与基本内涵

（一）研究背景

义务教育均衡发展是保障全体人民“学有所教”的根本前提，是努力让每个孩子都能享有公平而有质量的教育的必要要求。为实现义务教育均衡发展目标，2003 年以来，北京市东城区、陕西省西安市等部分地区在借鉴部分教育先行国家发展经验的基础上，探索实施义务教育学区制管理，力求通过形成多元主体共同参与的扁平化教育管理体制，促进学区内校际资源共享和发展联动，扩大优质教育覆盖范围，推动教育均衡发展。

学区制管理作为我国跨校际教育管理制度的创新，通过政策均衡、生源均衡、办学硬件均衡、师资力量均衡等形式，在改善义务教育公益性、普惠性方面取得了积极进展。但同时，学区内部校际间教学质量差异问题依然明显存在，教育资源固化、学区间质量层次拉大等新问题涌现，并衍生“天价学区房”“择学区”等社会现象，与学区制管理促进教育公平普惠的初衷背离。

党的十八届三中全会明确提出了“试行学区制”改革任务，《国家教育事业发展“十三五”规划》中明确提出了“推广学区制管理办学形式”的改革要求，广西等部分省（区、市）也出台文件全面实施义务教育学区制管理。在学区制管理改革加速推进背景下，本课题全面总结梳理我国义务教育学区制管理改革现状，分析目前学区制管理改革面临的问题，研究提出相关改革建议。从而积极推进学区制改革，加快提高学区治理水平和治理质量，从根本上解决目前义务教育发展不公平的困境。

（二）研究意义

从理论上看，党的十八届三中全会和《国家教育事业发展“十三五”规划》对试行和推广学区制管理提出了明确要求。但中国特色学区制管理的基本内涵、治理机制等部分理论问题尚未厘清，学区制管理试点过程中部分不利于教育均衡发展的问题也逐步暴露。在立足中国实际前提下，借鉴国际经验，厘清中国特色学区制管理的基本内涵和政策基础，对完善学区制管理制度建设，实现做大优质教育资源“蛋糕”，公平、公正分配教育资源具有重要的理论意义。

从实践上看，根据教育部数据，截至2018年2月，我国已经有81%的县基本实现义务教育均衡化。在改革进入“深水区”的背景下，如何进一步发挥学区制管理对推动义务教育资源均衡的基础性作用，优化资源配置调节功能，完善共同发展机制，促进形成多元共治的扁平化学区治理机制，提出一套适应政策实际和改革发展要求的学区制改革框架，能够使研究更加具有现实指导意义，对加快推进我国义务教育学区制管理提供具有积极的支持作用。

（三）学区与学区制管理的基本内涵

明晰学区概念，是确定学区制管理研究内涵和外延边界的基本前提。随着我国义务教育均衡化改革的推进和学区制管理试点纵深发展，“学区”概念政策含义已经发生了明显变化，从简单的就近划片入学，转变为教育资源组合配置和教育均衡化的基本单元，具有如下三个特征：一是学区是教育管理协作组织，实现区域内部教育教学管理、教师队伍建设、教育资源的共享、协同和优化整合；二是学区是教育改革的承载单元，通过教育资源的共享和区域内教育集团的打造，提高教育资源的利用效率和产出效益；三是学区是招生和教育活动的组织实施者，既负担着传统就近划片招生入学的责任，也负责开展区域内教育教学研究、培训活动的规划、设计和实施。

学区制管理是建立在中国特色学区制的基础上，对推进义务教育均衡发展体制和机制的再探索，是指在学区内通过一定的管理制度、运行机制及考核评估措施，引进社会主体参与，搭建交互平台，实现资源共享，实施优质学校对薄弱学校在学校管理和教育教学上的指导与帮扶，以及教育设施设备、师资和生源的均衡分配，从而缩小区域内学校间的差距，整体推进教育公平均衡高质量发展的制度安排。

与传统的义务教育管理模式相比，学区制管理具有如下四个特征：第一，在实施层次上，学区制管理处于行政区域教育管理和学校教育管理之间，在上级行政部门授权下具有对学区内学校统筹管理的权限；第二，在管理内容上，学区处于区内全部教育资源管理和学校单一教育资源管理之间，承载着包括学生招录、资源整合、师资交流、教研管理等方面职能；第三，在功能定位上，学区制管理的根本目标在于实现义务教育均衡化发展，通过学区内部优质校与薄弱校的联动，实现优质资源辐射带动，高水平教育均衡配置；第四，在运行机制上，学区制管理是学区内学校组织管理模式和运行机制的制度性安排，通过优化学区公共服务，打造共同办学理念，多渠道共享优质资源，完善教师流动机制，促进从校际间竞争发展向学区内部合作发展转变。

二、义务教育学区制管理的改革动力与政策实践

（一）义务教育学区制管理改革的动力

长期以来，我国受苏联教育计划管理理念影响，以教育厅、教育局、文教办等行政部门直接指令方式对学校开展管理，教育管理层次与行政层次一致，学校被视为整齐划一的教育事业单位接收行政领导和业务指导，并未形成“学区”与“学区制”管理概念。2004 年后，虽然部分先行地市开展学区化改革试点，但政策并未普遍扩散。“十二五”规划以来，“学区制管理”先后被写入党的十八届三中全会报告和《国家教育事业发展“十三五”规划》，从地方局部试点上升为普遍性的国家教育政策和深化教改的重点方向，这一政策结构性的转换，背后是新时代我国教育需求的深刻变革，在“学有所教”方面建成覆盖城乡、更加均衡的基本公共教育服务体系，人民群众高质量、个性化、多样化的学习需求得到更好地满足，成为了改革重点任务。

一是从义务教育全面普及巩固向义务教育优质均衡发展转变。当前，我国在实现全面普及九年制义务教育的基础上，义务教育巩固程度进一步深化；2017 年底，义务教育巩固率达到 93.8%。城乡居民对义务教育阶段“学有所教”的需求从“能上学”向“上好学”转变，对高质量、高层次教育资源的关注度也空前高涨，这就要求通过系统性政策安排，切实缩小教育供给内部的质量

结构差异，促进义务教育在均衡发展的同时，实现优质资源的更加均衡配置。

二是从义务教育条件标准化向教育内涵高质量精细化发展转变。“十二五”规划以来，我国深入推进基本教育服务均等化，规范义务教育学校建设标准，明确适宜的学校规模和适宜的设施设备，为义务教育均衡发展提供了坚实的支撑条件。随着义务教育高质量发展成为社会共识，在做好学校基础环境设施标准化的同时，要更多地把关注点转向推进教育内涵式改革发展，通过构建先进的教育理念，推广先进办学方法和教研活动，引入合理竞争，促进义务教育整体水平和整体质量提升，教育管理更加精细，教育方法更加专业科学。

三是从名校示范引领发展向实现优质资源共享转变。长期以来，坚持重点中学、示范中学等名校引领发展，支持部分“领头雁”式班级、学生取得优异的升学、比赛和教改成绩，是我国各地义务教育发展普遍采用的模式，但也带来了少数名校教育资源的高度集聚，广大普通学校及师生与名校之间相对差距不断拉大，教育马太效应日益凸显，并衍生出严重的“择校问题”。加快实现优质教育资源的均衡配置，对名校各类资源进行极化和扩散，是教育高质量均衡化发展的必由之路。通过学区制改革，使一定区域内的学校组成办学共同体，相互之间取长补短、共同促进，并明确了优质校与基础薄弱校的帮扶关系和帮扶范围，使优质校校长、师资、教学方式的输送规范化、常态化，带动形成优质资源实现共建共享的新发展格局。

四是实现教育改革在基层由单兵推进向协同统筹转变。我国义务教育改革开始于20世纪80年代以来，近四十年的发展历程表明，教育改革具有协同性、系统性和综合性特征，特别是办学体制机制随着改革向纵深推进，任何以学校为单位，以某一单项领域为对象、以某一体制机制参量为着力点的单兵突进式改革，无法真正实现办学体制机制的系统性优化和结构性重构。学区制管理立足优质资源的扩散和共建共享，涵盖教育愿景、课程设计、大纲建设、教学方法、教研活动、校园文化等义务教育办学改革方方面面，为教育改革协同推进提供了可依据的着力点和实施平台。

（二）学区制管理基本内容

一是打破传统线性教育管理体系，通过适度放权和有序统筹，形成弹性化、扁平化教育管理体制。在传统教育体制下，义务教育管理呈现出线性管理结构，地方教育管理部门拥有教育行政管理权限，但对教育执行层面垂直管理松散，教育改革理念缺少承接主体。而各个学校都是独立的办学实体，但在自主开展教育改革和突破方面力不从心，也没有权限进行进一步资源优化和组合。学区制管理改变传统的教育科层管理方式，形成了学区层面主导、学校参与的矩阵式管理结构，一方面把原教育行政部门难以兼顾落地的教育教学指导职能适度放权，另一方面把学校间“碎片化”的教学管理合理整合，形成一套完整的学区战略规划、教育资源配置、师资课程调配、教学教研创新的管理和保障体系。通过学区层面的横向整合和纵向衔接，以学区为教改的基本承接单元，增强教育改革在基层的协作性、自主性和独立性。

二是打破校际边界，通过资源共享和管理、师资交流互动，形成优质教育的扩散、带动与整体提升。在传统教育管理模式下，学校是硬件、师资、教案、课程乃至教学组织方式等资源占有使用分配的主体，优质资源数量和特色教育模式被固化于少数优质学校。学区制管理彻底突破资源校际边界，以优质资源的有效整合共建和深度共享为核心，推动资源互补、以强带弱、质量均优和整体提升，进而解决教育水平发展不均衡问题。

三是改革招生办法，落实就近入学为根本依据，减少学区内校际间生源质量竞争。一方面，以学区为单元进一步规范义务教育学校招生方式，全面落实就近登记入学，实现学校生源的常态化分布，遏制优质生源争夺和学位交易现象；另一方面，通过学区制管理改革深入推进，促进学区内教育质量整体提升，不断做大优质学位供给的“蛋糕”，是更好地落实就近、免试入学的治本之策。目前，北京市东城、海淀等城区试点学区内“多校划片”政策，将学区内优质校的学位就近分散，一定程度上发挥了引导“以房择校”预期作用，带动相关片区房价合理回落。

（三）义务教育学区制改革的主要模式及比较

各地在试点推进学区制管理过程中，虽然都坚持了促进义务教育高质量均衡化发展的总体思路，但统筹和整合资源路径有所差异，带来学区制管理形成了不同的组织模式。

一是长校统筹模式。陕西省西安市、成都市武侯区、广州市越秀区等地区在学区制管理试点中，选择1～2所优质校作为学区长校，就近吸纳3～5所薄弱校作为共同组成学区，学区长校对学区实施统一管理，并对学区内教学资源调配、人事调配和资金调配享有一定的管理权限，形成强弱联合、以强带弱的发展格局。

二是网格集群模式。这是各地学区制管理的主要实施方式。在北京市丰台区、上海市虹口区等地，在推进学区制管理过程中，以地理区位、学校特征、生源规模等为依据，把区域内的学校按照横纵维度划分为若干教育网格集群。纵向建立片区，实现以学区内部为主体的义务教育九年一贯制。横向形成学校集群，以义务教育优质学校为主牵头单位，加强以强带弱，整合包括学前教育和高中教育、职业教育、校外教育及社区教育等多种资源，允许学生贯通培养，并通过规范化管理，实现区域教育多向合作互动和优质资源共享。

三是名校拓展模式。北京市海淀区、湖北省宜城市等地，在按照地理区位划分教育网格的基础上，大力推进名校开办分校方式，或者把新建学校作为名校分校，或者是由名校挂牌基础薄弱校，通过“点对点”的方式实现教育帮扶，带动提升义务教育基础薄弱片区的整体教育质量。

四是学区治理模式。以北京市东城区为代表，在传统学区制网格化设计和集团化办学的基础上，均探索构建由区教委领导，学区、社区、家庭等多主体参与，共治、共建、共享的治理结构，形成政府管、学校办、社会参与的治理制衡机制，并以为社区、驻区单位、家长和其他方面的代表参与学区和学校的共建共治共享创造更便利的条件，使学区制管理内涵更加丰富，推动改革向纵深发展。

三、我国学区制管理改革面临的问题

（一）从改革设计来看，学区制管理缺少清晰的定位，面临空心化危机

一是重名义、轻实际。学区在当前教育行政管理架构和治理结构中定位不清晰，学区设计与教育条块分割的行政架构存在内生冲突，在同一学区内部存在着市属、区属、高校属等不同行政管理序列管理的学校，部分学校行政级别甚至高于属地教育管理部门。在没有对学区进行清晰的定位和上位赋权之前，学区难以发挥教育资源统筹和教育改革推进作为，在部分地区被虚化为校际教研“小组”或者上传下达层级，甚至简化为传统意义上的就近入学招生单元，不再具有教育管理和改革职能。

二是重赋能、轻赋权。当前，社会和教育主管部门对于学区的功能发挥有着较高的期待，希望学区能够成为优质资源建设者、辐射者和共享单元。但在现有教育管理体制下，学校依然对于人事、财政等关键资源享有独有、独占权，学区层面配置能力明显不足，既无法通过区域内资源的协调来调动学校参与积极性，对学区内学校利益关系调整和资源调动统筹也力不从心，使学区演变成松散的校际组织，无法形成有效的深度互动和融合发展。

三是重增加层级、轻组织再造。学区制管理核心是教育管理组织体系的再突破，由传统二元化线性管理向矩阵式弹性管理转变。但由于很多地方在学区制改革实施方案中，没有同步进行义务教育管理架构的再设计，教育管理部门

和学校的管理组织和运行模式依然是传统范式，使原行政管理架构与新型学区结构不相适应，政府、学区、学校内在运行机制出现一定程度上的冲突抵触，特别是学区管理机构与教育职能部门在硬件资源共享、师资教学交流和教研活动组织之间权责交叉明显，学区实际管理权限边界不明确。在一些学区实体化地区，由于没有明确的职能分工，学区衍生为新的上传下达教育管理层级，出现扁平管理“二次臃肿”化的倾向，并使学校自主办学形成束缚。

（二）从改革逻辑来看，学区制管理更多地依赖“自上而下”的推进，面临自主发展能力缺失

一是重外在压力、轻内生动力。由于学区基本定位和上位政策不明确，资源统筹力度有限，造成学区制管理快速推进更多地依赖于上级行政干预，改革自发性基础不充分。学区、学校之间普遍未形成融合学区学校的发展共同体意识，校长、教师、学校对于学区认同感不强，参与学区活动积极性不充分，各方对资源的深入融合和教育改革探索意愿不足。学区社会认知宣教滞后，很多家庭对学区的认识还普遍停留在是对就近入学政策的简单覆盖，导致义务教育均衡化理念被稀释，对学区改革效果造成了一定的不利影响。

二是重管理、轻治理。目前各地在划分学区时，普遍以行政区划为基本依据，强调了教育行政力量纵向资源统筹。但在学区功能定位和工作开展中，既没有与属地其他行政管理部门工作有机结合，对于家长、社区等横向社会力量参与考虑也明显不足，学区制管理中构建现代多元参与和教育治理体系构建内涵无从体现，利用多元主体共建促进提升教育质量和贡献优质教育资源的作用不理想。

（三）从改革实施来看，学区制管理对教育资源的创造能力有限，存在优质资源稀释化压力

一是重共享、轻共建。学区对于资源共建和开发动力不足，学区内优质校事实上成为学区教育资源的“天花板”，仅通过“大锅饭”式共享摊薄优质校少量优质资源，无法从总体上提升学区优质资源总量和办学水平，反而存在拉低优质校教育质量的风险。校际间资源流动效率不高，更多地表现为教学活动式开展，局限于课程、教学层面的对接，对于教育机制管理深化不足，部分地区在教育管理、师资统筹、学生发展等深层次资源流动方面缺少“硬举措”，对薄弱校带动和改善空间非常有限，学区内校际发展差异化格局没有得到根本扭转。

二是重输血、轻互动。在各地学区制管理框架下，普遍强调学区优秀校向

薄弱校单方面资源输出和配置，造成了优质校、优势资源被稀释，对优质校在管理教学人员、教学方法、硬件设施输出和共享后，缺乏制度化的激励和必需的人财物补偿措施，使优质校参与学区建设的权责与利益关系失衡，使少数优质校和优秀教师负担过重，难以持续运作。同时，在输出内容上，受制于各学校自主办学的主体性，局限于联合教研、集体备课等浅层交流，在学校办学方法、育人模式改革方面深层次嵌入式互动较少，对在全面提升基础薄弱校，加强学区共建，扩大优质资源方面作用不突出。

（四）从改革结果来看，学区制管理使优质资源的进入门槛前移，面临进一步固化教育机会不均衡风险

一是重过程、轻结果。学区制管理对教育均衡结果缺少可靠的评判依据，各地在推进学区制管理中强调教育过程的资源共享，特别是注重其中素质教育元素，把各类音、体、美课程作为学区制资源共享的亮点，但缺少对学生教育结果和升学结果考评指标，“多校划片”等政策使学生在升学机会方面与教育过程脱钩，存在“看天吃饭”倾向，使学区制管理在教育均衡化方面的作用得不到社会的认可，甚至出现普遍性的反向认知情况。特别是部分地区出现改革步伐不协调现象，在学区间、学区内部校际间义务教育质量尚不能一致的情况下，同步推进学区内九年一贯制改革和区域间相互“锁区”，反而使相当比例的学生几乎丧失了进入高质量初级中学、高级中学接受教育的机会，与教育均衡化理念严重背离，对学区制管理绩效造成了不利的影响。

二是重校际均衡、轻学区均衡。由于建校历史传统、教育归回、区域发展成熟度、地方经济等方面原因，统一成熟不同区域教育水平发展结构不均衡问题突出，普遍存在中心城区优质校扎堆和远郊区薄弱校扎堆的现象。学区制管理重点在于缩小学区内部各校发展水平差距，学区间教育资源结构配置调整少、有效统筹路径，而学区划分对行政区划高度依赖，造成了学区内部学校结构不合理，优质校集中学区“好上加好”，薄弱校扎堆的学区教育质量差距短期内难以提升，“择学区”“天价学区房”现象不减。

四、学区制管理国际经验及对我国的启示和借鉴

（一）美国：学区行政模式

一是把学区赋权为独立的教育管理责任单元。美国义务教育管理实施联邦、州、学区三级分权制，学区是州对教育进行行政管理的基本责任单位，具

有独立的教育经费筹资支配权利，在州法律下就义务教育相关行政管理开展工作。由于各州法律差异，学区形式多样，可以同时存在市学区、县学区、独立学区等多种形式，在类型、规模和数量上各不相同，学区学生规模也从几百名到几万名不等，但学区均相互独立，也与属地行政管理机构互不隶属。

二是坚持学区主体实施教育管理。美国义务教育体制下，州政府掌握地方教育的决策、规划等宏观权利，管理的重心在学区层面，学区成为了州政府实施管理的最基层行政单位。学区普遍自筹经费，减少了对上级教育主管部门的依赖，使学区内学校认识聘用、教育经费的使用分配、办学宗旨、课程设施和教师发展等，都由学区委员会批准决定。必须指出，美国学区在组织上具有地方公共团体性质，学区教育委员会成员由学区选民中选出，具体教育行政管理由学区总监、学区助理负责。

三是建立学区督导制规范学校发展。为了实现学区学校政策与学校自主权的统一协调，美国在学区教育委员会下设了专门的教育行政官员督学和副督学，来负责管理整个学区的政策、经费、计划、方案、课程开发与实施、组织与管理、沟通与交流等领域。

四是形成“用脚投票”的学区竞争机制。自20世纪90年代开始，美国在义务教育阶段改革中进一步加大了学校选择权。对于学区中申请人数超过学校学位的供给人数，可以通过投票方式确定在申请人中择优录取。如果出现申请人数少于核定学位数量的情况，学区有责任接受任何申请入学的学生进入学区学校学习，并按标准核准支付相应费用。通过进一步赋予了申请人择校自主选择权，鼓励学区和学校间加强竞争，改革教育质量。

（二）加拿大：分权治理模式

一是政府教育管理向多主体放权。自20世纪90年代起，加拿大教育管理体制开展全面改革，坚持“小政府、大社会”的制度形态，弱化政府对教育领域的空置监管职能，将学校管理人事权、经费管理、课程设置和教学评价权力下放至学区，赋予学区根据自身情况优化调整的职能。同时，建立起学区民主管理机制，引导学区居民、家长、师生等代表参与学区管理和决策。

二是学区内部实行高度自治。长期以来，僵化学区管理体制导致了加拿大公立教育机构缺乏竞争意识，学区公办学校教育质量低于民办学校问题突出。为此，加拿大逐步改进学区治理模式，构建多元主体民主参与的管理生态。同时，提高学校在学区内部的租住权力，促进学校特色多元发展。建立义务教育阶段服务多主题竞争机制，通过实施特许学校办学等方式，为学区居民提供多样化教育服务，打破学区在公立与私立学校的界限。

三是通过优化经费保障学区教育均衡发展。加拿大学区并不拥有独立的经费筹资权利，经费来自上级拨款。省教育部门确定政府对每个学生的年度教育经费拨款数额，乘以每年预计的学生数，得出该年度各学区的教育拨款预计数额，再统筹考虑弱势群体、土著居民、双语教育和社区均衡发展确定调整公式，计算后划拨给每一学区。为了保证区域间经费资源配置公平，城市学生和农村学生的基础拨款标准一致。

（三）法国：大区统筹模式

一是建立跨省的大学区开展集中管理。法国教育管理体制实行中央政府、学区、省三级分权体制，学区是中央政府对地区教育进行管理的行政单位。由于法国学区管理授权自中央政府，行政层级高于地方政府，因此被称为“大学区”模式。学区在地方教育管理方面具有明确的权力集中性特征，直接经营和管理学校，并具有法人资格，在学校计划、经费资助、校舍建设、机构设配的配置、教学与非教学人员的管理与选聘等方面具法律授权的全责管理权限，同时承担学区内的教学服务组织、考试等责任。由于历史原因，学区规模体量和学生数目不同，导致学区在组织方式、功能和督导工作路径方面有所差异，但作为教育行政管理单位，在大区内自主执行教育政策的作用没有区别。

二是通过教育优先区策略均衡教育资源。由于法国学区横跨多个地方行政单元，导致学区内部生源、教育质量和资源配置无法完全做到均衡统筹，20世纪70年代开始，法国在大学区下启动了教育优先区策略。教育优先区发展的初衷在于“给最匮乏者更多、更好的教育”，目标是提高学历失败率较高、教育基础薄弱地区的教育水平。教育优先区由一所中学和若干所小学组成，构成共同发展的协作体，享有倾斜性的政策，包括生均教育经费补助标准高于其他地区的10%～15%，提高师生比比例，缩小班级规模，强化早期教育支出。考虑地方政策差异，大学区在教学、师资、课程、招生等方面权力下放至教育优先区，使教育优先区具备了一定“亚学区单元”的特征。但教育优先区设置并不是常态和固定的，而是三年评审、动态管理，在优先区各项发展指标达到国家基本标准后，将不再享有政策支持。

三是通过“学区松绑”政策强化学生教育选择权。从1963年起，法国大学区内部实行“学校布局图”管理制度，按照就近入学原则，明确了居住地与入学学校的对应关系，对随之带来了严重的教育资源阶层固化的问题。2002年起，法国逐步推进“学区松绑”政策，要求在大学区内部，在学位供给水平范围内赋予家长和学校自由选择学校的权利，允许学生打破“学校布局图”就读，力求满足学生多元化发展需要，促进阶层、地域融合，并对薄弱学校形成竞争压力。同时，除教育优先区政策外，建立了弱势群体教育辅导制度，在2005年出台的《学校未来导向与纲要法》中要求，设施学习困难学生教育成功个人项目，根据学生个性化需求，实施分组补课、假期补习与个性化辅导，让每一个学生能够获得成功的体验。

五、加快推进我国义务教育学区制管理改革的建议

（一）加强顶层设计，明晰学区权责

一是明确定位，有效赋权。进一步规范各地学区管理制度框架，地方教育管理部门进行宏观管理，学区在中观层面实施协调管理服务，学校作为教育任务承接主体，并参与学区内部建设工作。强化学区在教育改革方面的功能，明确学区具有服务入学升学、促进资源共享、搭建发展平台、完善治理体系等方面的基本职能，并依此赋予学区更多办学自主权和管理协调权，建立学区管理运行的各项规章制度，以便有效地规范和引导学区内各学校参与学区建设，履行资源利用和统筹配置功能。

二是划分合理，创新构成。改变以行政区划为基础的划分学区办法，以教育均衡化和就学便利化作为学区确定的基本依据，按照强弱搭配、优势互补、数量适度和区位相近的原则划分学区，适度缩小学的区规模，调整学区结构，减少优质校或者基础薄弱校扎堆的情况。对于薄弱校与优质校空间分布无法实现就近均衡搭配地区，采用教育集团学区制管理兼容方式，以教育集团为依据构建学区，形成强弱搭配，以强带弱的格局，保障学区间优质教育资源分布均衡。

三是长校牵头，共同协商。在尊重各个学校的前提下，形成学区长校负责制，由学区中优质校作为学区长校，发挥好优质校、优势资源的极化效应与扩散效应。加快形成学区各个学校共同参与的协商机制，协调学区重大决策，支持成员学校开放更多资源共享，引导成员学校参与形成教育活动共同体。

（二）完善运行机制，培育内生动力

一是强化学区资源配置和平衡机制。坚持学区内生“输血”和学区外扶持“造血”同步的思路，缩小学区内资源结构不均衡差距。一方面加大学区内资源的统筹力度，扩大学区资源共享范围，推动高值硬件设备、校长与师资配备、教师培训与发展机会等关键资源的深度共享；另一方面，加快补齐基础薄弱校和基础薄弱校集中学区软硬件“短板”，为学区制管理教育均衡发展功

能落实创造有利基础条件。

二是逐步形成学区一体化组织机制。在上位赋权基础上，通过财权、事权的协调管理和关键要素的有序互动，把学区内相互运行的独立学校逐步整合为具有统一目标和发展愿景的一体化办学共同体，通过师资、课程、硬件、信息等资源的一体化配置，最大限度地挖掘学区内优质要素的辐射作用和集聚吸引效应，依托存量资源优化配置扩大优质增量供给，实现优质资源再创造和自循环，推动学区整体进步和可持续提升。在教育资源总量再调整和结构再配置中兼顾学校、教师、学生、家庭等多方利益诉求，合理补偿必要的人、财、物损耗，以减少深层次交流和互动过程中面临的抵触和运行障碍。

三是建立学区间竞争机制。以教育均衡化为核心指标，建立规范的学区绩效评价体系，对学区制管理绩效进行考核打分，对均衡化水平不达标学区，建立整改机制。完善学区间交流学习机制，定期举办学区制管理经验交流实践，使学区发展能够获得同级学区的经验和建议，避免重蹈已经暴露出的问题，促进学区制管理先进经验扩散和区域内学区共同成长，减少“闭门办学区”的情况，并在此过程中引导学区制管理走向规范化、标准化。

（三）构建共治体系，激活外生资源

一是形成学区治理机构。建立由教育管理部门统筹，学区负责人员牵头，学区、社区、家庭等多元参与的学区治理机构，发挥学区内生约束和自我管理作用，共同监督学区功能落实情况，推动教育系统内部各层级、各单位之间聚力协作，教育系统内与系统外资源之间共享互补，引导家庭等利益相关群体加快形成学区共同体理念并参与其中，实现学区治理和社会治理的有机统一。

二是激活学区周边资源。进一步拓宽学区制管理政策思路，拓展学区与所在地行政管理部门和属地单位的合作共建，构建多方参与的横纵联动机制，引导周边高校、科研院所、企业单位、社会组织，通过共享硬件设施、提供参观访学机会、开展课余实践课堂等方式，积极参与学区建设和管理，跨越条块单位管理边界和学校围墙“制约”，扩大学区资源基本面，协同解决学区发展建设中面临的问题。

（四）统筹配套改革，做大优质供给

一是扩大教育投入，从根本上做大优质学位“蛋糕”。深化义务教育阶段的供给侧结构性改革，根据主体功能和行政区划设置，综合考虑适龄人口数量、空间辐射半径统筹设置优质校，逐步恢复、提升远郊区重点中学高水平办学能力，彻底解决远郊区无优质教育资源的问题，逐步使学区间优质校学位供

给比例大致均衡。

二是优化招生和就读方式，回应家庭和学生升学期望。坚持素质教育为本的同时，正视家庭和适龄学生在入学、就学方面的均衡化要求。在入学、升学环节，综合考虑城市实际交通通达能力，扩大学区间学位调节比例，更好地回应薄弱校占比高和薄弱校学位多的学区适龄学生家庭进入优质校的愿望。坚持把学区作为招生工作的基本单元，严格规范少数优质校跨学区“掐尖”的现象，维护学区制管理的严肃性。在就读环节，建立学区内部“走读”机制，普通校、薄弱校学生可按比例进入优质校走读接受教育，更大限度地发挥名师、示范课和先进教育方法的辐射效应。

三是利用先进信息技术，倍增优质资源的服务效能。借助互联网信息技术打造“云上学区”，实现学区内校际间、学区间和区域间精品课程、名师经验等教学资源共享，鼓励优质校和名师运用信息技术平台，开设面向全学区的视频课程，更好地实现优质校、优势资源的集聚、带动、辐射和整体提升的功能。建立学区 APP 系统，加强学校、教师、家庭、学生的交流互动，促进发挥校、家共育作用。

参考文献

[1] 蔡定基．基础教育学区管理模式研究［M］．北京：人民教育出版社，2011.

[2] 陈国庆．关于学区制度建设的几个问题［EB/OL］．http：//www. jxedu. gov. cn/. 2007 -5 -18.

[3] 卢娜．学区化管理的实践与思考［J］．辽宁教育研究，2007（2）.

[4] 李弈．实行学区化管理　实现区域内各类教育资源的深度整合［J］．中小学管理，2006（2）.

[5] 赵新亮．义务教育学区制改革：基于共同体理论的教育均衡发展模式探索［M］．北京：科学出版社，2017.

[6] 胡中锋．当前推进学区化管理应注意的问题［J］．人民教育，2014（7）.

[7] 黄嫒嫒，柯玲．义务教育学区制管理实践模式探究［J］．教育与教学研究，2015（11）.

[8] 郭丹丹．“良序”的建立：从碎片化到整理治理——学区化办学与教师交流政策的互构生成［J］．国家教育行政学院学报，2016（11）.

[9] 刘宇平．义务教育均衡视角下的学区制改革［J］．当代教育论坛，2017（1）.

[10] 龚冬梅，孙玉波．义务教育阶段试行学区制改革的政策分析［J］．现代中小学教育，2015（1）.

[11] 陈武林，苏娜，谭美瑶．均衡发展视域下“学区制”实施的制度隐忧与突围［J］．中国教育学刊，2016（7）.

[12] 陆云泉. 学区制改革：实现区域教育资源的深度整合 [J]. 中小学管理，2016 (1).

[13] 沙培宁. 从学区化走向学区制——北京市东城区推进学区制改革 凸显多元治理理念 [J]. 中小学管理，2014 (4).

[14] 程艳霞. 从捆绑式区域管理到学区制治理的跨越 [J]. 中国教育学刊，2016 (11).

[15] 丰向日，杨宝忠. 校际合作：义务教育均衡发展机制探讨——基于天津市河西小学“教育发展联合学区”调查 [J]. 中国教育学刊，2011 (8).

[16] 郭元婕. 国外学区制的启示 [J]. 人民教育，2014 (7).

[17] 蔡定基，周慧. 学区管理内涵与实践：以广州市越秀区为例 [J]. 中国教育学刊，2010 (8).

[18] 胡友志. 优质均衡视野下义务教育学区化管理探究 [J]. 中国教育学刊，2012 (4).

提升我国养老服务质量研究

——以社区居家养老为例

孔伟艳

内容提要： 社区居家养老服务质量是指社会和社区为在家老人提供养老服务的能力和水平。社区居家养老服务质量应当从政策、资金、主体、人才、设施、平台、内容、规范八个维度展开评价。通过供需双侧比较评价，找出我国［本文指我国除港、澳、台地区外，31个省（区、市）］社区居家养老服务的弱项与短板。提出建议：完善社区居家养老服务政策；保障社区居家养老服务资金；培育社区居家养老服务主体；培养社区居家养老服务人才；改善社区居家养老服务设施；打造社区居家养老服务平台；丰富社区居家养老服务内容；补齐社区居家养老服务规范。

质量是养老服务的生命，事关广大老年人及其家庭的获得感、幸福感和安全感。提升我国养老服务质量是积极应对人口老龄化的要求，是加快发展养老服务业的要求，也是社会领域高质量发展的要求。2017 年末，我国 60 岁及以上老年人口达到 24090 万人；其中，养老服务机构在院老年人仅有 211 万人，余下 23838 万老年人在家养老，占比高达 99%。[①] 在家养老的老年人更多地需要社区居家养老服务，[②] 社区居家养老服务质量的高低决定了整体养老服务质量的高低，提升社区居家养老服务质量，在提升我国养老服务质量中占有至关重要的地位。研究如何提升社区居家养老服务质量，是研究如何提升我国养老服务质量的重点。

① 中华人民共和国民政部．中国民政统计年鉴（2018）［M］．北京：中国社会出版社，2018.

② 本文中的社区居家养老，是居家养老和社区养老的统称。

一、文献综述

（一）社区居家养老服务

养老服务是指为老年人安度晚年提供的各类照料和护理服务。广义上是指社会为老年人安享晚年提供的所有正式、非正式的制度安排，包括物质、精神保障方式及其相应的制度等，接近于整个社会养老制度的安排。狭义上是指政府和社会为老年人提供的日常照料、护理等劳动，以及围绕这一劳动形成的设施和制度等，是老年保障制度的重要组成部分。如养老服务包括服务主体、内容、方式、运行机制、资金来源、效果以及制度规范等内容（董红亚，2010）。最狭义上是指失能老年人的照料护理服务（党俊武，2018）。

社区居家养老是以家庭为核心、社区为依托、专业化服务机构为载体，通过政府购买服务、社会参与、非政府组织实体承办的运作方式，采取日托、上门或邻里互助等服务形式，为居家老年人提供社会化服务（尚春喜等，2017）。居家养老是指老年人居住在自己家中获得社会化的养老服务，完成其需要的吃、住、行、玩、乐、养六方面的活动（冯文猛，2016）。

（二）养老服务质量评价

从国内外有关理论与实践看，养老服务质量评价有主观评价与客观评价两种方式。主观评价主要是作为需求侧的老年人对养老服务的评价，以老年人的实际感知或者期望值与实际感知的差距来衡量；客观评价主要是对养老服务供给侧的评价。

1. 主观评价方式

国外早在20世纪70年代后期就已经展开了养老服务质量相关研究，并倾向使用主观评价方式。早期研究如克里斯琴·格罗路斯（Christian Gronroos，1984）所创建的顾客感知服务质量模型（SERVPERF模型）与差异分析方法，为理论界和实务界研究养老服务质量提供了一个基本的理论框架。中期研究主要围绕拉嘉·帕拉休拉曼等（Raja Parasuraman et al.，1985），在此基础上基于PZB顾客感知服务质量模式提出的服务质量差距模型（SERVQUAL模型），该模型主要从可靠性、有形性、保证性、移情性、响应性这五个经典维度评价服务质量，以顾客对这五个维度方面服务的期望值与实际感知来获取服务质量差距。两者之间的差异在于，SERVPERF模型直接以顾客感知为出发点进行评价服务，SERVQUAL模型则需要给出顾客的期望值和实际感知。

国内有的学者也倾向使用主观评价方式，尤其是SERVQUAL模型。有的学者认为，居家养老服务消费者对居家养老服务质量的期望和实际感知，将直接决定政府购买居家养老服务质量的优劣（章晓懿，2012）。有的学者指出，居家养老服务的质量评价，是指居家养老服务消费者在服务消费过程中做出对服务内容、服务人员的态度、行为等的一种主观评价，也即居家养老服务消费者对服务质量的满意度。同时，服务消费者心目中会预先设定一个期望的标准或水平线。通过“满意度”和“期望水平”在服务质量、服务效率、服务态度等服务价值的相互比较，就能得出满意与否的最终评价。在此基础上，从有形化、可靠性、响应性、信任感、服务的人性化5个维度、20个组成项目对南京市政府购买居家养老服务质量做出评价（张瑞霞，2015）。有的学者从日间照料、呼叫服务、助餐服务、健康指导、文化娱乐、心理慰藉、基础设施7个维度、35个二级指标，针对北京市养老驿站服务质量建立模糊综合评价模型（李爱华等，2018）。

2. 客观评价方式

客观评价方式主要体现在上级政府、本级政府对社区居家养老服务质量的考核评价中。自2016年开始，中央财政支持开展了三批居家和社区养老服务改革试点，对试点地区的考核评价主要采用了客观评价方式。2017年3月至2018年8月发布的三个文件中，考核指标由粗到细，分类更加合理，排序更加科学（见表1）。

《关于做好第一批中央财政支持开展居家和社区养老服务改革试点工作的通知》明确了“7+X”试点任务。“7”即7项基本试点任务，是指所有试点地区都要开展，并作为民政部和财政部年度考核重点的试点任务。“X”即特色试点任务，是指试点地区根据本地区居家和社区养老服务特点的需要，自行选择在试点地区所有或部分区（县）范围内开展的试点。涉及的主要评价维度为工作机制、经费保障、信息数据、供给主体（社会力量）、服务清单、服务设施，次要评价维度为人才队伍、信息平台、医养结合和农村养老。问题在于，人才队伍和信息平台是社区居家养老服务的重要支撑，不能仅仅是次要评价维度；医养结合与农村养老是社区居家养老服务的重要内容，应为服务内容维度的下一级指标。

《关于印发〈中央财政支持开展居家和社区养老服务改革试点工作绩效考核办法〉的通知》将绩效考核指标分为组织实施、资金安排、工作成效三类，其中，组织实施类包括机构机制、政策法规（及规划）维度，工作成效类包括供给主体（社会力量）、人员队伍、服务设施、农村养老、智慧养老、医养

表1　中央政府财政支持开展居家和社区养老服务改革试点工作考核指标

发文时间（年－月－日）	发文机关	文件名称	考核指标
2017－3－28	民政部、财政部	《关于做好第一批中央财政支持开展居家和社区养老服务改革试点工作的通知》	1. “7”即基本试点任务。包括：建立政府领导、部门协同的试点工作领导小组；建立试点经费保障机制；建立省级试点工作督促指导机制；开展试点地区特殊和困难老年人筛查摸底工作，为制定试点方案、明确服务重点等工作提供决策依据；推动形成以社会力量为主体的居家和社区养老服务多元供给格局；探索建立居家和社区基本养老服务清单制度；增加一批居家和社区养老服务设施； 2. “X”即特色试点任务。包括：建立居家和社区养老服务信息平台；推进居家和社区养老服务与医疗卫生服务相结合；加强居家和社区养老服务人才队伍建设；探索农村居家和社区养老服务长效发展模式
2017－3－28	民政部、财政部	《关于印发〈中央财政支持开展居家和社区养老服务改革试点工作绩效考核办法〉的通知》	1. 组织实施。试点地区政府推进居家和社区养老服务发展设立相应领导机构和工作机制、出台相关法规、政策和规划等情况； 2. 资金安排。试点地区政府和社会力量支持居家和社区养老服务发展的资金投入及其使用和管理等情况； 3. 工作成效。本文件明确的7个重点支持领域试点工作具体进展情况等。（1）支持通过购买服务、公建民营、民办公助、股权合作等方式，鼓励社会力量管理运营居家和社区养老服务设施，培育和打造一批品牌化、连锁化、规模化的龙头社会组织或机构、企业，使社会力量成为提供居家和社区养老服务的主体；（2）支持城乡敬老院、养老院等养老机构开展延伸服务，直接提供居家和社区养老服务，或为居家和社区养老服务设施提供技术支撑；（3）支持探索多种模式的“互联网＋”居家和社区养老服务模式和智能养老技术应用，促进供需双方对接，为老年人提供质优价廉、形式多样的服务；（4）支持养老护理人员队伍建设，加强专业服务人员培养，增强养老护理职业吸引力，提升养老护理人员素质；（5）推动完善相关养老服务的标准化和规范化建设，通过购买服务方式，积极培育和发展第三方监管机构和组织，建立服务监管长效机制，保证居家和社区养老服务质量水平；（6）支持采取多种有效方式，积极推进医养结合，使老年人在居家和社区获得方便、快捷、适宜的医疗卫生服务；（7）支持老城区和已建成居住（小）区通过购置、置换、租赁等方式开辟养老服务设施，支持依托农村敬老院、行政村、较大自然村利用已有资源建设日间照料中心、养老服务互助幸福院、托老所、老年活动站等农村养老服务设施，满足城乡老年人特别是空巢、留守、失能、失独、高龄老年人的养老服务需求

续表

发文时间（年-月-日）	发文机关	文件名称	考核指标
2018-8-27	民政部办公厅、财政部办公厅	《关于开展第二批居家和社区养老服务改革试点工作绩效考核的通知》	1. 工作基础。（1）试点工作领导机构情况；（2）政策出台情况；（3）资金使用情况；（4）资金管理情况； 2. 工作任务清单对比情况。任务清单对比情况； 3. 工作任务清单完成情况。（1）建立居家和社区基本养老服务项目清单制度；（2）社会力量参与居家和社区养老服务情况；（3）建立居家和社区养老服务信息平台；（4）居家和社区养老服务人才队伍建设工作；（5）居家和社区养老服务与医疗卫生服务相结合；（6）居家和社区养老服务标准化、规范化；（7）居家和社区养老服务设施整合、改造和建设工作；（8）农村居家和社区养老服务； 4. 其他创新

资料来源：笔者整理。

结合、标准规范维度。农村养老、智慧养老、医养结合是社区居家养老服务的重要内容，可以统称为服务内容维度。

《关于开展第二批居家和社区养老服务改革试点工作绩效考核的通知》列出了《2018 年第二批中央财政支持开展居家和社区养老服务改革试点工作绩效考核评分表》，将绩效考核指标分为工作基础、工作任务清单对比情况、工作任务清单完成情况、其他创新四类，其中，工作基础类包括领导机构、政策法规、资金安排维度，清单完成类包括供给主体（社会力量）、人才队伍、服务设施、信息平台、医养结合、农村养老、项目清单、标准规范维度。医养结合、农村养老可以统称为服务内容维度，项目清单、标准规范可以统称为制度规范维度。

3. 主观、客观评价方式的关系

主观评价与客观评价方式互为补充。主观评价方式以需求侧为重点，有利于研究者与决策者了解老年人需求及供需缺口，并据此调整和优化供给。客观评价方式以供给侧为重点，有利于研究者与决策者了解实际供给，并在同一国家或地区进行纵向比较，或者在不同国家或地区开展横向比较。然而，主观评价方式又有开展大规模抽样调查的困难，因而有获取可靠数据困难的问题，客观评价方式可以通过文献调研、部门调研等方式获得数据，弥补主观评价的缺陷。客观评价方式可能会因忽略需求侧感知而影响供给侧调整，主观评价方式则可通过满意度评价倒逼供给调整，进而矫正供需偏差。

鉴于主客观评价方式的互补关系，有学者采用了主观、客观评价相结合的方式。他们认为社区居家养老服务条件是决定社区居家养老服务质量的重要前提，因此将财政经费、设施设备、数据平台、服务人员等维度的养老服务条件作为客观评价对象。主观评价方面，主要从物质条件（包括服务机构的设施、财政补贴、从业人员）、生活服务（包括服务种类与数量、收费合理程度、服务满意度）与精神慰藉（包括情感方面、心理需求）三个维度对被访老年人对社区居家养老服务机构的服务满意度进行综合评价（廖楚晖等，2014）。

二、研究框架

笔者认为，社区居家养老服务是指老年人住在原居和社区，由社会和社区通过上门服务、日间照料或者邻里互助等形式提供养老服务的养老方式。社区居家养老服务质量是指社会和社区为在家老人提供养老服务的能力和水平。考虑到针对需求侧开展大规模问卷调查的难度较大，本文拟从八个维度的供给侧情况进行宏观评价（见表 2），采用供给侧与需求侧相比较、质性研究与定量研究相结合的方法，综合评价我国社区居家养老服务质量。

（一）客观的供给侧评价

1. 政策维度

社区居家养老服务政策主要是指供需双侧与服务全程涉及的政策。评价内容包括资金、主体、人才、设施、平台、内容、规范等方面的优惠政策出台情况，以及有关法规、规划等的制定情况。大量的优惠政策能够为扩大社区居家养老服务资金来源提供政策保障，进而为提升社区居家养老服务质量创造有利的环境；反之，则构成社区居家养老服务质量提升的约束条件。

2. 资金维度

社区居家养老服务资金包括政府向供、需双侧投入的资金。评价内容包括面向供给侧的资金投入、使用、管理等情况，以及面向需求侧的资金支持情况。充足的资金来源为高质量社区居家养老服务提供充分的保障；反之，则构成社区居家养老服务质量提升的可能性边界。

3. 规范维度

社区居家养老服务规范是指应当提供的社区居家养老服务的项目、对象、水平等，一般以服务项目清单、服务质量标准等形式表现。评价内容包括服务项目清单制度、服务质量标准等的建立情况。规范是内容的抽象化，不同时点、不同地区的服务内容通过抽象的规范进行服务质量评价，并开展横向比较或者纵向比较。

4. 主体维度

社区居家养老服务主体是指提供社区居家养老服务的机构、社会组织或者企业。评价内容包括品牌化、连锁化、规模化机构、社会组织或者企业的建立情况等。品牌化主体是高质量社区居家养老服务的支撑，通过整合人才、设施、平台资源，更好地为老年人提供社区居家养老服务。

5. 人才维度

社区居家养老服务人才是指具有专业技能的社区居家养老服务工作人员。评价内容包括养老护理、社会工作、家政服务、康复护理等专业人才与志愿者队伍的建立情况。专业化人才是高质量社区居家养老服务的重要元素，他们依托供给主体、运用设施设备、通过信息平台，为老年人提供更加快捷的社区居家养老服务。

6. 设施维度

社区居家养老服务设施是指提供社区居家养老服务所需的设施设备等。评价内容包括城市社区养老服务设施、农村社区养老服务设施、社区卫生服务设施、老年活动设施、适老化住宅与社区建设改造情况等。现代化设施、智能化设备是高质量社区居家养老服务的载体，主体、人才、平台只有运用设施、设备，才能为老年人提供社区居家养老服务。

7. 平台维度

社区居家养老服务平台是指互联网、大数据、物联网等信息平台。评价内容包括社区养老服务信息平台与养老服务数据库建设情况、智慧养老发展情况等。智慧化平台是高质量社区居家养老服务的媒介，主体与人才通过平台能够快捷地接收到老年人需求信息，进而运用设施设备为老年人提供服务。

8. 内容维度

社区居家养老服务内容是指实际提供的社区居家养老服务的项目、对象、水平等。评价内容宏观上包括医养结合、智慧养老、农村养老等，微观上包括生活照料、医疗护理、紧急救援、精神慰藉、文化娱乐五类服务。考虑到农村养老作为一个领域同主体、人才、设施、平台等要素相互交叉，将农村养老的主体、人才、设施、平台等分别放到相应的维度中评价。同时，将智慧养老放到平台维度中评价。在生活照料中重点评价老年餐桌的发展情况。因此，具体评价时重点评价老年餐桌与医养结合的发展情况。

本文在从八个维度评价我国社区居家养老服务质量时，采用星级评定方法。其中，一颗星（★）代表服务质量差，两颗星（★★）代表服务质量较差，三颗星（★★★）代表服务质量一般，四颗星（★★★★）代表服务质量较好，五颗星（★★★★★）代表服务质量好。在对八个维度分别进行星级评定的基础上，对我国社区居家养老服务质量进行星级评定（见表2）。

表2　社区居家养老服务质量评价维度

评价对象	评价维度	评价内容
社区居家养老服务质量	政策	出台发展社区居家养老服务的政策、法规、规划情况
	资金	面向供给侧的资金投入、使用、管理情况，以及面向需求侧的资金支持情况
	规范	服务项目清单制度、服务质量标准建立情况
	主体	品牌化、连锁化、规模化机构、社会组织或者企业的建立情况
	人才	养老护理、社会工作、家政服务、康复护理等专业人才与志愿者队伍的建立情况
	设施	城市社区养老服务设施、农村社区养老服务设施、社区卫生服务设施、老年活动设施、适老化住宅与社区建设改造情况
	平台	社区养老服务信息平台、养老服务数据库建设情况、智慧养老发展情况
	内容	老年餐桌、医养结合发展情况

资料来源：笔者整理。

（二）主观的需求侧评价

结合2018年赴河南、广西、山东、上海、北京调研情况，尤其是在河南省郑州市针对老年人的社区居家养老服务质量问卷调查情况，采用需求侧SERVPERF模型，从可靠性、保证性、响应性、有形性、移情性五个维度针对被调查老人的实际感知展开评价。评价采用R. 李克特（Rensis Likert）5点指标评价体系，1=非常不满意；2=不满意；3=一般；4=满意；5=非常满意。

供给侧的社区居家养老服务主体对应于需求侧SERVPERF模型中的保证性，即供给主体具备提供社区居家养老服务的知识和技能。供给侧的服务人才对应于需求侧的移情性，即工作人员能够根据老人需要提供个性化的社区居家养老服务。供给侧的服务设施对应于需求侧的有形性，即设施设备整洁先进。供给侧的服务平台对应于需求侧的响应性，即在老人有需求时能够提供服务。因为智慧化的信息平台是提高社区居家养老服务响应性的重要条件。供给侧的服务内容对应于需求侧的可靠性，即能够提供基本安全的社区居家养老服务。丰富的内容是高质量社区居家养老服务的产出，也是顾客感知服务质量的最直观方面（见图1）。

客观的供给侧评价	
专业机构、社会组织或者企业的建立情况	主体
专业人才与志愿者队伍建立情况	人才
社区养老服务设施、卫生服务设施、老年活动设施等建设情况	设施
社区养老服务信息平台、数据库建设情况、智慧养老发展情况	平台
老年餐桌、医养结合发展情况	内容

主观的需求侧评价	
保证性	供给主体具备提供社区居家养老服务的知识和技能
移情性	工作人员能够根据老人需要提供个性化的社区居家养老服务
有形性	设施设备整洁先进
响应性	在老人有需求时能够提供服务
可靠性	能够提供基本安全的社区居家养老服务

图1　社区居家养老服务质量的主客观评价

资料来源：笔者整理。

三、我国养老服务质量评价

笔者从八个维度对我国社区居家养老服务质量进行总体评价。从供给侧看，近年来社区居家养老服务质量稳步提升，在政策、资金、规范、主体、人才、设施、平台、内容等方面都取得了较大的进步。从需求侧看，老年人对社区居家养老服务还存在不满意、负担不起、获得感不强等问题，表明社区居家养老服务质量提升的空间比较大。

（一）社区居家养老服务政策评价

1. 从供给侧看，社区居家养老服务政策不断完善

我国高度重视社区居家养老服务质量，特别是在 2016 年《关于全面放开养老服务市场提升养老服务质量的若干意见》提出“大力提升居家社区养老生活品质”后，国家部委层面通过编制规划、出台法规政策，从资金、规范、主体、人才、设施、平台、内容等方面支持社区居家养老服务质量提升（见表 3）。

表 3　社区居家养老服务支持政策

发文时间（年 – 月 – 日）	发文单位（简称）	文件名称
2015 – 11 – 18	国务院办公厅	《关于推进医疗卫生与养老服务相结合指导意见的通知》
2016 – 12 – 7	国务院办公厅	《关于全面放开养老服务市场提升养老服务质量的若干意见》
2017 – 2 – 28	国务院	《关于印发“十三五”国家老龄事业发展和养老体系建设规划的通知》
2017 – 6 – 6	国务院办公厅	《关于制定和实施老年人照顾服务项目的意见》
2018 – 5 – 3	国务院	《关于推行终身职业技能培训制度的意见》
2014 – 10 – 30	民政部、发改委、工业和信息化部、财政部、公安部、卫生计生委	《关于开展养老服务和社区服务信息惠民工程试点工作的通知》
2016 – 7 – 13	民政部、财政部	《关于中央财政支持开展居家和社区养老服务改革试点工作的通知》
2016 – 8 – 19	民政部、国家标准化管理委员会	《我国民政标准化“十三五”发展规划》
2017 – 2 – 6	工业和信息化部、民政部、国家卫生和计划生育委员会	《智慧健康养老产业发展行动计划（2017 ~ 2020 年）》
2017 – 3 – 28	民政部、财政部	《关于做好第一批中央财政支持开展居家和社区养老服务改革试点工作的通知》
2018 – 3 – 21	人力资源社会保障部、民政部	《关于印发〈高级社会工作师评价办法〉的通知》

资料来源：笔者整理。

（1）资金方面。2016年，中央财政开始支持开展居家和社区养老服务改革试点。

（2）规范方面。2016年，《全国民政标准化“十三五”发展规划》要求着重开展社区居家养老服务供给、老年人健康档案、养老服务风险评估、养老服务信息统计等标准研制。

（3）主体方面。2017年，《“十三五”国家老龄事业发展和养老体系建设规划》（以下简称“老龄十三五规划”）提出“推动专业化居家社区养老机构发展”，第一批居家和社区养老服务改革试点将“推动形成以社会力量为主体的居家和社区养老服务多元供给格局”作为7项基本任务之一。

（4）人才方面。2018年，《关于推行终身职业技能培训制度的意见》对符合条件的人员按规定落实职业培训补贴政策，并建立补贴资金的正常增长机制。

（5）设施方面。老龄十三五规划要求加强社区养老服务设施建设，鼓励有条件的地方推动扶持残疾、失能、高龄等老年人家庭开展适应老年人生活特点和安全需要的家庭住宅装修、家具设施、辅助设备等建设、配备、改造工作，对其中的经济困难老年人家庭给予适当补助。

（6）平台方面。2014年，启动的养老服务和社区服务信息惠民工程；2017年，开始的智慧健康养老产业发展行动与老龄十三五规划的居家社区养老服务工程，试点整合建立居家社区养老服务信息平台，实施“互联网+”养老工程。

（7）内容方面。在2015年《关于推进医疗卫生与养老服务相结合的指导意见》的基础上，我国出台了省级医养结合实施意见，90个国家级医养结合试点市中有78个出台了贯彻实施意见。2017年，国务院办公厅提出了制定和实施老年人照顾服务项目的20项重点任务。

2. 从需求侧看，部分养老领域政策在其他领域政策和体制范围内可操作性不强

笔者通过与北京市、河南省郑州市老年人的深度访谈了解到，推进老旧小区适老化改造的政策，在一线城市“寸土寸金”的小区推进受阻，在从单位制向社区制过渡的社区遇到体制障碍。通过与山东省老年人的深度访谈了解到，鼓励农村互助型养老服务设施建设的政策，在偏远、贫困农村难以落实，主要是因为需要配套资金，而这些农村往往缺少配套资金，只得放弃。综合社区居家养老服务政策供给侧与需求侧表现，社区居家养老服务政策维度服务质量为四颗星（★★★★）。

（二）社区居家养老服务资金评价

1. 从供给侧看，社区居家养老服务资金更有保障

社区居家养老服务资金投入力度不断加大。2016 年开始，中央财政每年投入 10 亿元，累计投入 50 亿元，支持居家和社区养老服务改革试点；2016 ~ 2018 年，已经分三批确定了 90 个试点地区。棚户区改造扎实推进，住宅专项维修资金在老旧小区和电梯更新改造中的支持作用进一步发挥，农村老年人危房改造稳步实施；截至 2017 年，中央安排补助资金支持约 440 万户老年贫困家庭。《“十三五”社会服务兜底工程实施方案》加快落实，困难老年人家庭适老化改造、老旧小区适老化改造继续推进。需求侧也支持政策惠及更多老年人。2015 ~2017 年，享受养老服务补贴、高龄津贴和护理补贴的老年人分别从 257. 9 万人、2155. 1 万人、26. 5 万人增至 354. 4 万人、2682. 2 万人、61. 3 万人，高龄津贴覆盖率从 71. 99% 升至 85. 81%，增长 19. 20%。①

2. 从需求侧看，社区居家养老服务资金安排同老年人期待尚有差距

一是资金来源有待拓宽。目前，我国社区居家养老服务过度依赖财政资金，社会资金尚未成为主体，慈善捐赠与服务收费等资金来源很不稳定。资金紧张问题在农村比较突出，一些互助养老服务设施难以维持日常运营，更无力扩建服务设施和扩充服务项目，严重制约社区居家养老服务质量提高。二是中央与地方政府之间、政府与居民之间的资金分担机制不尽合理。前者导致马太效应：一些落后地区因为缺少配套资金而放弃有关项目，社区居家养老服务质量较差甚至供给缺失；由于申请试点需要基础，一些基础薄弱的落后地区申请不上试点，服务质量难以提高，申请到试点的地区得到中央财政支持，服务质量更高。后者突出地表现在农村老年人危房改造、困难老年人家庭适老化改造、老旧小区适老化改造中。三是需求侧支持政策仍有提升空间。2017 年高龄津贴覆盖率仅有 85. 81%，仍有较大的提升空间。很多老年人，尤其是农村老人，老年人福利补贴每月只有 100 元左右，优先用于食品与医疗，无力购买社会化的社区居家养老服务，遑论高质量的社区居家养老服务。综合社区居家养老服务资金供给侧与需求侧表现，社区居家养老服务资金维度服务质量为三颗星（★★★）。

---

① 中华人民共和国民政部．中国民政统计年鉴（2016）［M］．北京：中国统计出版社，2016. 中华人民共和国民政部．中国民政统计年鉴（2018）［M］．北京：中国统计出版社，2018.

（三）社区居家养老服务规范评价

1. 从供给侧看，社区居家养老服务规范建立健全

中央与地方各级政府高度重视养老服务质量，加强社区居家养老服务清单、规范与标准建设，初步建立了包括国家标准、行业标准与地方标准在内的标准体系。项目清单制度在部分地区建立。北京市民政局公布《养老服务驿站服务流量补贴参考项目清单》，长沙市出台《长沙市居家和社区养老服务完整清单》《长沙市居家养老政府购买服务清单》，黑龙江省发布《黑龙江省老年人照顾服务项目清单》，内含“居家社区养老服务项目清单”，广州市印发《社区居家养老服务项目清单与指导参考价（试行）》。社区居家养老服务标准陆续建立。同社区居家养老服务发展与有关政策法规要求相适应，民政部联合有关部委先后出台了《关于加强养老服务标准化工作的指导意见》《养老服务标准体系建设指南》等文件，建立了社区居家养老服务领域的国家标准（见表4）、行业标准（见表5）和地方标准（见表6）。

表4　　我国社区居家养老服务领域的国家标准目录

分布领域	标准名称	标准号（计划号）	标准性质	标准类别	标准状态
支撑保障标准	老年人居住建筑设计规范	GB 50340—2016	强制	技术	已发布
	养老设施建筑设计规范	GB 50867—2013	强制	技术	已发布
	社区老年人日间照料中心服务基本要求	GB/T 33168—2016	推荐	管理	已发布
	社区老年人日间照料中心设施设备配置	GB/T 33169—2016	推荐	管理	已发布
	社区居家养老服务基本规范	20090119 - T - 314	推荐	管理	制定中

资料来源：笔者根据民政部、国家标准化管理委员会．关于印发《养老服务标准体系建设指南》的通知整理。

表5　　我国社区居家养老服务领域的行业标准目录

分布领域	标准名称	标准号（计划号）	标准性质	标准类别	标准状态
服务提供标准	老年社会工作服务指南	MZ/T 064—2016	推荐	服务	已发布
	老年人助浴服务规范	MZ 2017 - T - 014	推荐	服务	制定中
	居家老年人康复服务规范	MZ 2017 - T - 015	推荐	服务	制定中

续表

分布领域	标准名称	标准号（计划号）	标准性质	标准类别	标准状态
支撑保障标准	社区老年人日间照料中心建设标准	建标 143—2010	推荐	技术	已发布
	社区老年人日间照料中心风险防控要求	MZ 2017 - T - 017	推荐	管理	制定中

资料来源：笔者根据民政部、国家标准化管理委员会．关于印发《养老服务标准体系建设指南》的通知整理。

表 6　　我国社区居家养老服务领域的地方标准目录

地区	标准名称	标准号
北京	社区养老服务设施设计标准	DB11/1309—2015
	老年护理常见风险防控要求	DB11/3002—2015
天津	居家养老　入户服务规范	DB12/T 489—2013
	居家养老　社区服务规范	DB12/T 488—2013
	老年护理常见风险防控要求	DB12/T 3002—2015
河北	多元化养老服务规范	DB13/T 2293—2015
	老年人洗浴护理操作规程	DB13/T 2515—2017
	老年护理常见风险防控要求	DB13/T 3002—2015
山西	家庭养老服务规范	DB14/T1033—2014
	医疗养老结合基本服务规范	DB14/T 1331—2017
辽宁	社区居家养老服务规范	DB21/T 2044—2012
吉林	居家养老服务与管理规范	DB22/T 1807—2013
	农村居家养老服务大院基本规范	DB22/T 1940—2013
	社区居家养老服务中心服务管理规范	DB22/T 2312—2015
	养老护理员培训规范	DB22/T 2402—2015
	居家养老服务员服务规范	DB22/T 2412—2015
	失能老年人居家长期照护服务规范	DB22/T 2440—2016
黑龙江	老年人健康养护培训服务规范	DB23/T 1759—2016
上海	社区居家养老服务规范	DB31/T 461—2009
	老年宜居社区建设细则	DB31/T 1023—2016

续表

地区	标准名称	标准号
江苏	社区服务　养老服务规范	DB32/T 482—2001
	居家养老服务规范	DB32/T 1644—2010
	病员（养老）生活护理服务规范	DB32/T 2871—2016
	老年精神关爱服务规范	DB32/T 3192—2017
	居家养老送餐服务规范	DB32/T 3458—2018
浙江	养老护理员培训规范	DB33/T 2001—2016
	居家养老服务与管理规范	DB33/T 837—2011
安徽	家政培训服务规范　第 1 部分：居家养老	DB34/T 2606. 1—2016
福建	城市社区居家养老服务规范	DB35/T 1518—2015
江西	养老护理服务质量规范	DB36/T 944—2017
	养老助餐服务质量规范	DB36/T 899—2016
山东	家政服务—居家养老服务质量规范	DB37/T 1111—2008
	家政培训服务规范　第 1 部分：居家养老	DB37/T 1598. 1—2010
	社区居家养老服务标准体系	DB37/T 1934—2011
	社区居家养老服务人员管理规范	DB37/T 1935—2011
	社区居家养老—日托服务质量规范	DB37/T 1936—2011
	社区居家养老—入户服务质量规范	DB37/T 1937—2011
	社区居家养老服务信息管理规范	DB37/T 1938—2011
	居家养老　康复护理服务规范	DB37/T 2893. 2—2016
	居家养老　陪同就医服务规范	DB37/T 2893. 3—2016
	医疗养老结合基本服务规范	DB37/T 2721—2015
	居家养老　生活照料服务规范	DB37/T 2893. 1—2016
河南	养老护理员等级规定及服务规范	DB41/T 595—2015
	社区居家养老服务规范	DB41/T 1298—2016
湖北	居家养老服务通则	DB42/T 1250—2017
广东	社区居家养老服务规范	DB44/T 1518—2015
广西	家庭服务　养老护理员服务质量要求与等级划分	DB45/T 1272—2015
重庆	社区养老服务规范	DB50/T 762—2017

续表

地区	标准名称	标准号
四川	养老服务社会化示范社区建设规范	DB51/T 1799—2014
	家政服务　居家养老服务规范	DB51/T 2199—2016
贵州	社区居家养老服务规范	DB52/T 1128—2016
陕西	家政服务指南　居家养老护理	DB61/T 922—2014
甘肃	社区养老服务管理规范	DB62/T 2583—2015
	居家养老服务管理规范	DB62/T 2582—2015
青海	社区老年人日间照料服务规范	DB63/T 1322—2014
宁夏	社区居家养老服务基本规范	DB64/T 1495—2017

资料来源：笔者根据民政部、国家标准化管理委员会．关于印发《养老服务标准体系建设指南》的通知整理。

2. 从需求侧看，社区居家养老服务规范缺项比较多

目前，只有少数地区建立了社区居家养老服务项目清单，且清单内容有待完善。养老服务人才分类等国家标准，以及生活照料、精神慰藉、健康管理、养老护理、保健养生、社会工作、休闲娱乐、文化教育等服务提供类行业标准尚待制定（见表7）。综合社区居家养老服务规范供给侧与需求侧表现，社区居家养老服务规范维度服务质量为两颗星（★★）。

表7　社区居家养老服务领域待制定的标准目录

分布领域	标准名称	标准级别	标准性质	标准类别	标准状态
支撑保障标准	养老服务人才分类	国标	推荐	管理	待制定
	居家养老设施设备配置	国标	推荐	管理	待制定
通用基础标准	社区居家养老服务质量评估	行标	推荐	管理	待制定
服务提供标准	社区/居家养老生活照料服务规范	行标	推荐	服务	待制定
	社区/居家养老精神慰藉服务规范	行标	推荐	服务	待制定
	社区/居家养老健康管理服务规范	行标	推荐	服务	待制定
	社区/居家养老护理服务规范	行标	推荐	服务	待制定
	社区/居家养老保健养生服务规范	行标	推荐	服务	待制定
	社区/居家养老社会工作服务规范	行标	推荐	服务	待制定

续表

分布领域	标准名称	标准级别	标准性质	标准类别	标准状态
服务提供标准	社区/居家养老休闲娱乐服务规范	行标	推荐	服务	待制定
	社区/居家养老文化教育服务规范	行标	推荐	服务	待制定
支撑保障标准	养老服务信息数据集分类与编码规则	行标	推荐	技术	待制定
	养老服务信息数据集元数据规范	行标	推荐	技术	待制定
	养老服务信息数据模式描述指南	行标	推荐	技术	待制定
	养老服务信息处理操作规程	行标	推荐	管理	待制定
	养老机构信息化服务指南	行标	推荐	管理	待制定
	老年人健康档案架构与数据标准	行标	推荐	管理	待制定
	养老信息服务：隐私保护要求	行标	推荐	管理	待制定
	养老机构信息化管理平台建设规范	行标	推荐	技术	待制定
	居家养老服务与管理信息平台建设规范	行标	推荐	技术	待制定
	养老服务从业人员基本要求	行标	推荐	管理	待制定
	养老服务从业人员培训指南	行标	推荐	管理	待制定
	养老服务从业人员师资培训与考评	行标	推荐	管理	待制定
	居家养老服务风险评估	行标	推荐	管理	待制定

资料来源：笔者根据民政部、国家标准化管理委员会．关于印发《养老服务标准体系建设指南》的通知整理。

（四）社区居家养老服务主体评价

1. 从供给侧看，社区居家养老服务主体多元化发展

专业服务机构、城乡社区社会组织等社区居家养老服务主体不断发展，社会力量开始通过公办民营、民办公助、股权合作等方式参与社区养老服务设施建设、运营和管理。一是社区居家养老服务机构迅速发展。就我国31个省（区、市）而言，涌现出了爱侬公司、亲和源公司、诚和敬公司等一批知名的“龙头”企业。从地方来看，表现较好的北京城市养老服务驿站连锁化运营率已达71%。社会工作服务机构不断健全，我国31个省（区、市）已有约2500家涉及为老服务的民办社会工作服务机构。二是社区居家养老服务组织持续发展。城乡基层老年协会、老年人基层体育组织等老年社会组织稳步壮大，老年人互助型社区社会组织积极培育，社区志愿服务组织2017年达到9.6万个。

2. 从需求侧看，品牌化、连锁化、规模化的专业服务机构分布有限

同老年人对社区居家养老服务的品牌化、专业化需求相比，目前我国品牌化、连锁化、规模化的专业服务机构仍然不多。现有的一些机构集中在大城市，中小城市缺乏连锁机构。对河南省郑州市三类社区老年人的问卷调查表明，作为服务主体专业化程度评价的保证性维度，相应社区得分仅为2.73分，介于“不满意”与“一般”之间。综合社区居家养老服务主体供给侧与需求侧表现，社区居家养老服务主体维度服务质量为两颗星（★★）。

（五）社区居家养老服务人才评价

1. 从供给侧看，社区居家养老服务人才加强培养

近年来，初步形成了包括养老护理、社会工作、家政服务、康复护理等专业人才与志愿者在内的社区居家养老服务人才队伍。一是养老护理专业人才不断增加，养老护理人员专业化、职业化不断推进。2016年以来，确定我国31个省（区、市）职业院校养老服务类示范专业点65个，设立培训基地68家。民政部职业技能鉴定指导中心及分布在我国31个省（区、市）76个鉴定站鉴定人数和竞赛晋级人数（不含地方自行组织的鉴定人数）中，养老护理员从2015年的8127人增至2017年的11488人，增长41.36%；2017年末，累计鉴定合格人数达到44102人。[①] 北京市通过职业鉴定的养老护理员总数2017年底达到近1.2万人，从初级养老护理员到养老护理师、高级养老护理师的晋级渠道逐步打通。二是社会工作专业人才迅速增加。2015～2017年，社区服务机构和设施社会工作师从7712人增至17377人，增长达125.32%；助理社会工作师从14295人增至35909人，增长达151.20%。[②] 三是家政服务专业人才加快培育。依托技工院校培养家政服务人才，目前有23所技工院校开设家政服务专业，在校生7000多人。截至2017年底，北京市培训家政从业人员约3万人次。四是康复护理专业人才大力培养。将康复治疗师纳入医改紧缺人才培训项目，将康复医师纳入专科医师试点项目。目前，我国31个省（区、市）在134所职业院校开设护理专业；有161所技工院校开设护理专业，在校生3.6万多人。五是志愿者队伍初步形成。2015～2017年，社区养老机构和设施志愿者服务人次数从109831人次增至151299人次，增长达37.76%。[③]

2. 从需求侧看，社区居家养老服务人才数量不多、分布不均

同社区居家养老服务需求相比，养老护理、社会工作、家政服务、康复护理等专业人才供不应求，而且分布不平衡，农村养老服务人员知识化、专业化水平较低。对河南省郑州市三类社区老年人的问卷调查表明，作为人才队伍评

---

① 中华人民共和国民政部．中国民政统计年鉴（2018）［M］．北京：中国统计出版社，2018.

②③ 中华人民共和国民政部．中国民政统计年鉴（2016）［M］．北京：中国统计出版社，2016. 中华人民共和国民政部．中国民政统计年鉴（2018）［M］．北京：中国统计出版社，2018.

价的移情性维度，相应社区得分为 2. 81 分，介于“不满意”与“一般”之间。综合社区居家养老服务人才供给侧与需求侧表现，社区居家养老服务人才维度服务质量为两颗星（★★）。

（六）社区居家养老服务设施评价

1. 从供给侧看，社区居家养老服务设施迅速发展

一是城市社区养老服务设施不断增加。2015 ~ 2017 年，我国 31 个省（区、市）社区养老服务机构和设施从 2. 6 万个剧增到 4. 3 万个，2018 年 6 月底进一步增至 4. 4 万个；床位数从 134. 2 万张增至 158. 7 万张，增长 18. 26%。2017 ~ 2018 年，我国 31 个省（区、市）社区养老床位数从 334. 3 万张增至 353. 5 万张，增长 5. 7%。

二是农村社区养老服务设施持续增加。2015 ~ 2017 年，我国 31 个省（区、市）社区互助型养老设施从 6. 2 万个增至 8. 3 万个，增长 33. 87%；床位数从 70. 7 万张增至 82. 6 万张，增长 16. 83%。

三是社区卫生服务设施整合升级。2015 ~ 2017 年，我国 31 个省（区、市）社区卫生服务中心从 8806 个增至 9147 个，社区卫生服务站从 25515 个整合为 25505 个；随着近年来村庄撤并、整建制村转居加快，村卫生室从 640536 个减至 632057 个。

四是老年活动设施优化整合。各地统筹规划建设文化、体育、养老等公共服务设施。我国 31 个省（区、市）老年活动站（中心、室）从 2015 年的 370581 个整合为 2017 年的 349874 个，2017 年老年人参与人数达到 46196874 人。①

五是适老化住宅与社区加快建设改造。城市棚户区改造扎实推进，农村老年人危房改造稳步实施。困难老年人家庭适老化改造有序推进。老旧小区适老化改造继续推进，符合条件的老旧建筑逐步加装电梯。

2. 从需求侧看，社区居家养老服务设施提升空间较大

一是社区养老机构和设施空间可及性较差。一线城市老旧小区“寸土寸金”，无地可建。偏远农村地广人稀，设施分散。贫困农村集体缺乏配套资金，只得放弃。对河南省郑州市三类社区老年人的问卷调查表明，作为服务设施评价的有形性维度，相应社区得分为 2. 86 分，介于“不满意”与“一般”，为五个维度中最高。

二是部分设施适老化程度较差。一些硬件设施的功能设置没有充分考虑到老年人的生理特征，缺乏无障碍的老年服务设施以及针对失能老人的服务设

① 数据来源：根据《2015 年社会服务发展统计公报》《2017 年社会服务发展统计公报》整理。

施。[①] 综合社区居家养老服务设施供给侧与需求侧表现，社区居家养老服务设施维度服务质量为三颗星（★★★）。

（七）社区居家养老服务平台评价

1. 从供给侧看，社区居家养老服务平台逐步建立

一是智慧养老初步发展。“互联网 +” 在社区居家养老领域广泛应用。养老服务和社区服务信息惠民工程试点稳步开展，2015 年确定了 135 个居家和社区养老信息惠民试点、95 个社区公共服务综合信息平台建设试点和 42 个智慧社区试点，开展以居家社区养老服务为重点的社区信息一体化服务。智慧健康养老应用试点示范工作有序开展，2017 年、2018 年分两批先后确定 82 个智慧健康养老示范街道（乡镇）和 19 个智慧健康养老示范基地、48 个智慧健康养老示范街道（乡镇）和 10 个智慧健康养老示范基地。

二是养老数据库逐步建立。北京、山东、广西等地都掌握了数量庞大的老年人基本信息与需求信息以及养老服务机构信息，建立了数据库及信息平台。

2. 从需求侧看，社区居家养老服务平台发展不平衡

城乡之间社区居家养老服务平台发展差距较大，广大农村尤其是偏远农村缺少服务平台，通信基础设施也相对落后。对河南省郑州市三类社区老年人的问卷调查表明，老年人对目前的社区居家养老服务应急响应速度不够满意。作为服务平台评价的响应性维度，相应社区得分为 2.69 分，介于“不满意”与“一般”。综合社区居家养老服务平台供给侧与需求侧表现，社区居家养老服务平台维度服务质量为两颗星（★★）。

（八）社区居家养老服务内容评价

1. 从供给侧看，社区居家养老服务内容更加丰富

服务内容和服务范围逐步扩大，综合服务能力稳步提升。目前主要涉及生活照料、医疗护理、精神慰藉等服务，有的地方发展了老年餐桌服务，有的还为失能老人提供临时或短期托养照顾服务。一是老年餐桌逐步发展。北京市在 8 个区推进养老助餐服务体系试点，巩固发展老年餐桌 763 个，年均服务就餐老年人 2320 万人次，探索出“中央厨房 + 社区助餐点”“中央厨房 + 冷链运输 + 社区配餐”“中央厨房 + 社区养老服务驿站 + 社区配餐、送餐”等养老助餐服务模式。上海、山东、广西等地老年餐桌也逐步发展起来。二是医养融合加快推进。我国 31 个省（区、市）分两批先后确定了 50

① 许江萍．中国养老政策目标与路径［M］．北京：中国市场出版社，2018：54.

个和40个国家级医养结合试点市，30个省（区、市，除西藏自治区外）设立了省级医养结合试点单位。医疗卫生资源参与社区居家养老服务，家庭医生签约服务扎实推进。北京市开展签约老年人上门医疗卫生服务试点工作，探索解决上门开展医疗服务合法性问题；鼓励社区卫生服务在保证基本医疗服务的前提下，拓展服务范围；统一提供家庭医生签约服务包供各区参考，包括基本包和个性包。社区家庭病床服务逐步推广。截至2017年，上海市社区卫生服务中心建立家庭病床5.23万张。

2. 从需求侧看，老年人对目前的社区居家养老服务内容总体上不满意

作为服务内容评价的可靠性维度，相应社区得分仅为1.86分，介于“完全不满意”与“不满意”。各类养老服务的可靠性得分从低到高依次是：精神慰藉类1.58分，生活照料类1.69分，医疗护理类1.86分，文化娱乐类1.94分，紧急救援类2.22分。郑州市金水区花园路街道通信花园社区被调查老人反映，社区缺乏老年餐桌，百度外卖、美团外卖的食品又不适合老人。不同省会城市的单位制社区存在缺少场地的共性问题，因为省会城市“寸土寸金”，作为产权单位的单位与作为社区治理主体的社区居委会的关系又难以理顺。老年人最需要的上门诊疗、送餐等服务存在“最后一公里”问题。综合社区居家养老服务内容供给侧与需求侧表现，社区居家养老服务内容维度服务质量为两颗星（★★）。

我国社区居家养老服务质量评价的八个维度中，质量最高的是社区居家养老服务政策，为四颗星（★★★★）；其次为社区居家养老服务资金和设施，为三颗星（★★★）；最低的为社区居家养老服务主体、人才、平台、内容和规范，为两颗星（★★）。综合以上八个维度，目前我国社区居家养老服务质量总体上为三颗星（★★★），服务质量一般（见表8）。

表8　我国社区居家养老服务质量评价

评价对象	评价结果
社区居家养老服务质量	★★★
1. 社区居家养老服务政策	★★★★
2. 社区居家养老服务资金	★★★
3. 社区居家养老服务规范	★★
4. 社区居家养老服务主体	★★
5. 社区居家养老服务人才	★★

续表

评价对象	评价结果
6. 社区居家养老服务设施	★★★
7. 社区居家养老服务平台	★★
8. 社区居家养老服务内容	★★

资料来源：笔者整理。

四、提升我国养老服务质量的对策

提升我国社区居家养老服务质量，应当坚持需求导向的供给侧改革，完善政策法规及有关规划，加大资金投入、使用与管理，建立健全养老服务项目清单制度与标准规范，培育多元化供给主体，建立专业化人才队伍，改善硬件设施设备，建设养老服务信息平台与数据库，丰富养老服务项目、扩大对象范围、提高服务水平（见图2）。

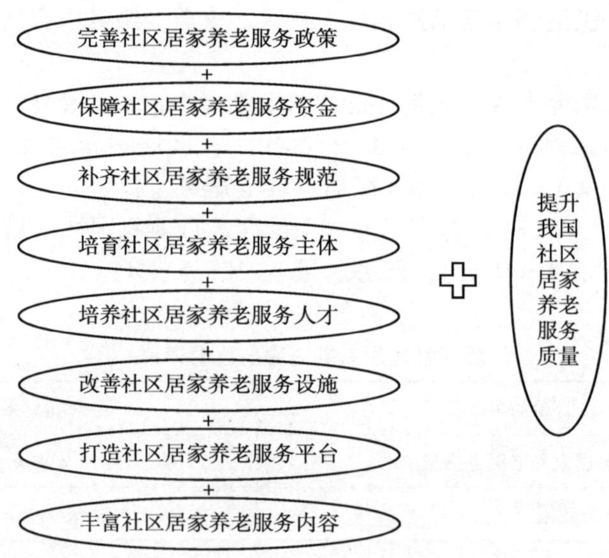

图2　提升我国社区居家养老服务质量的路径

资料来源：笔者整理。

（一）完善社区居家养老服务政策

完善政策法规及有关规划。我国的社区居家养老服务政策较好，重点是与其他领域政策的衔接、与现有体制机制的融合以及具体政策的贯彻落实。一是突破单位制向社区制过渡社区中的体制障碍，理顺作为产权单位的单位与作为社区治理主体的社区居委会之间的关系，防止社区适老化改造中互相推诿扯皮。二是降低农村互助型养老服务设施村集体配套的比例，对确实需要农村互助型养老服务设施的偏远、贫困农村地区，考虑减免村集体配套资金。

（二）保障社区居家养老服务资金

加大资金投入、使用与管理。一是拓宽社区居家养老服务资金来源。加大财政资金投入力度；提高财政资金撬动社会资金的能力，推动社会力量投资社区居家养老服务；鼓励慈善捐赠，完善落实税收扣除政策。从设施建设到建成运营，加大对农村社区养老服务的投入力度。二是建立社区居家养老服务资金分担机制。理顺中央政府与地方政府之间的资金分担机制，探索政府与居民之间的资金分担机制。三是完善和落实需求侧支持政策。增强老年人的支付能力，整合高龄津贴与护理补贴，提高其与养老服务补贴的覆盖率，建立补贴标准动态调整机制。在现有长期护理保险试点的基础上，加快建立长期护理保险制度，并加强与长期护理补贴的政策衔接，推动长期护理保险与长期护理补贴为失能老人居家护理提供资金支持。

（三）补齐社区居家养老服务规范

建立、健全养老服务项目清单制度与标准规范。一是建立完善社区居家养老服务项目清单制度。总结各地做法，推广成功经验，已建立清单制度的抓紧完善，未建立清单制度的抓紧研究建立。二是加快制定完善的社区居家养老服务相关标准。加强养老服务人才分类等国家标准的制定。针对生活照料、精神慰藉、健康管理、养老护理、保健养生、社会工作、休闲娱乐、文化教育等服务内容，抓紧制定服务提供类行业标准。三是加强养老服务质量评价与认证。为了减少供需双方信息不对称性，对居家养老服务队伍、社区养老服务机构进行星级认证，由老年人打分、第三方实施认证，作为用户选择和比价的依据。

（四）培育社区居家养老服务主体

培育多元化供给主体。发展专业服务机构与社区自治组织、社区社会组织，提升社区居家养老服务能力。一是重点培育连锁化、综合化、品牌化、规模化、专业化的服务机构。地方在招商引资中，重点引进专业服务机构，结合正在进行的普惠养老行动计划，签订政企合作框架协议，给予优惠政策。二是加强社区自治组织与社区社会组织建设。按照“党委领导、政府主导、社会协同、公众参与、法治保障”的社会治理体制要求，推进社区治理体制创新，在社区着力发挥党组织的领导作用、政府的主导作用、社会的协同作用，扩大公众参与，加强法治保障。构建社区、社工、社会组织“三社联动”机制，形成群团、楼组、社工培训、督导、退休等专业人员的合力。

（五）培养社区居家养老服务人才

建立专业化人才队伍。一是加大社区养老服务人才尤其是农村养老服务人员的培养力度。以更高的工资待遇与更好的发展前景，吸引高层次养老人才服务农村。二是统筹协调社区居家养老服务质量提升与“放管服”的关系，将养老护理员、家政服务员等纳入职业技能鉴定。三是研究制定养老服务从业人员薪酬待遇政策，探索建立职业技能等级与薪酬待遇挂钩机制、毕业生入职补贴等制度。四是扩大养老护理职业发展体系改革试点，提供从护理员到初、中、高级护理师的职业晋升通道。打通养老服务与管理之间的上升渠道，为富有养老护理经验的养老护理人员上升为养老管理人员提供机会。

（六）改善社区居家养老服务设施

改善硬件设施设备。一是加大社区居家养老服务设施设备投入力度，重点改善老旧单位制小区、村转居社区与偏远、贫困农村地区的设施设备。商品房社区、单位制社区、村转居社区与农村社区在设施建设方面各有特点：商品房社区尚有地理空间；单位制社区尤其是大城市老旧小区少有地理空间；村转居社区有的缺少资金支持。为此建议：要求增量商品房社区严格按照有关标准配套建设养老服务设施；鼓励存量单位制社区采取政府回购、租赁等多样化方式筹集养老服务场地，理顺单位与社区管理体制，推动单位与社区资源共享；适当降低村转居社区与偏远、贫困农村社区建设养老服务设施的配套比例。整合日间照料中心、农村幸福院、老年人活动设施、社区综合服务设施等的服务功能，采取“时间换空间、一房间多用”的形式，提高服务设施利用率。二是加强社区居家养老服务设施的适老化改造。充分考虑到老年人的生理特征，加强养老服务设施的无障碍设计与改造，增加针对失能老人的服务设施。

（七）打造社区居家养老服务平台

建设养老服务信息平台与数据库。一是健全社区居家养老服务平台，增强居家养老服务应急能力。建议对尚未建立信息平台的社区，加快建立信息平台；对已有养老服务信息平台的社区扩面升级，提高响应速度；加大宣传力度，提高广大老年人对信息平台的知晓度。缩小城乡之间社区居家养老服务平台发展差距，重点根据广大农村尤其是偏远农村需要，建立养老服务信息平台，完善通信基础设施。二是加快建设老年人需求与社区居家养老服务供给信息数据库，依托互联网和移动通信设备，提高供需对接和响应速度。

（八）丰富社区居家养老服务内容

丰富养老服务内容。一是增加社区居家养老服务项目。在重点补齐社区居家养老服务项目短板的基础上，为居家老人提供多样化的养老服务。在生活照料类服务中，重点发展老年餐桌，对失能老人发展上门送餐服务，着力解决“最后一公里”问题。在医疗护理类服务中，借势医养结合，依托家庭病床，重点发展上门诊疗，要求医院病历、医嘱与社区共享，依托社区卫生服务中心与社区养老机构，开展术后康复服务。针对精神慰藉类服务总分与五个维度得分都较低的情况，根据老年人具体需求，有针对性地发展精神慰藉类服务。二是扩大社区居家养老服务对象范围，提高社区居家养老服务覆盖率。按照无偿、低偿、有偿三个层次，逐步在所有社区、向全体老人提供社区居家养老服务。

参考文献

[1] 中华人民共和国民政部．中国民政统计年鉴（2016）［M］．北京：中国统计出版社，2016.

[2] 中华人民共和国民政部．中国民政统计年鉴（2018）［M］．北京：中国统计出版社，2018.

[3] 董红亚．中国社会养老服务体系建设研究［M］．北京：中国社会科学出版社，2010.

[4] 党俊武．中国城乡老年人生活状况调查报告（2018）［M］．北京：社会科学文献出版社，2018.

[5] 尚春喜，程敏．社区居家养老服务质量评估指标体系的构建［J］．现代商业，2017（19）.

[6] 冯文猛．总报告［A］．陆杰华．北京居家养老发展报告（2016）［Z］．北京：社会科学文献出版社，2016.

[7] 章晓懿．城市社区居家养老服务质量研究［D］．镇江：江苏大学，2012.

[8] 张瑞霞．南京市政府购买居家养老服务质量评价［J］．劳动保障世界，2015（3）.

[9] 李爱华，王迪文，朱梅红．基于熵权法的北京市养老驿站服务质量模糊综合评价［J］．人口与社会，2018（3）.

［10］廖楚晖，甘炜，陈娟．中国一线城市社区居家养老服务质量评价［J］．中南财经政法大学学报，2014（2）．

［11］许江萍．中国养老政策目标与路径［M］．北京：中国市场出版社，2018.

［12］Grnroos Christian. A service quality model and its marketing implications［J］. European Journal of Marketing，1993（4）．

［13］Parasuraman A，Zeithaml V A，Berry L. SERVQUAL：a multiple-item scale for measuring consumer perceptions of service quality［J］. Retailing：Crit Concepts Bk2，2004，64（1）．

我国城市公共服务供给的土地财政依赖问题研究

——以海南省陵水县为例

魏义方

内容提要：近年来，在加强房地产市场调控背景下，我国海南省土地财政进入转型期。本文以海南省陵水县为例，对城市公共服务供给的土地财政依赖问题进行剖析。在对土地财政规模和特征进行梳理的基础上，剖析了城市土地财政依赖对公共服务供给的影响和挑战，并进一步提出了城市土地财政转型取向和相应政策建议。

一、问题的提出

自2010年国务院发布《关于推进海南国际旅游岛建设发展的若干意见》，提出要“充分发挥海南的区位和资源优势，建设海南国际旅游岛，打造有国际竞争力的旅游胜地”，海南国际旅游岛建设成为国家重大战略部署以来，海南省也随之掀起了新一轮房地产建设的热潮，房地产税收和土地出让收入快速攀升，土地财政依赖程度日趋加剧。如表1所示，2011年，海南省税收收入中，城镇土地使用税、土地增值税、耕地占用税、房产税、契税等土地相关直接税收收入达79.12亿元，占全省税收收入比重的26.8%；到2017年海南省土地直接税收收入规模增长至184.21亿元，是2011年的2.33倍，占全部税收收入的比重也提升至33.9%。海南国际旅游岛建设宣告以来，海南省国有土地使用权出让金收入增长迅猛，2010年，土地出让收入增幅达到135.9%；2013年，土地出让收入攀升至245.86亿元，占当年地方公共预算收入的比重超过51%；受房地产调控的影响，2014年土地出让收入有所下滑；到2017年，海南省国有土地使用权出让金收入进一步增加至294亿元。

表1　2011～2017年海南省土地财政规模

项目	2011年	2012年	2013年	2014年	2015年	2016年	2017年
一般公共预算收入（亿元）	340.12	409.44	481.01	555.31	627.70	637.51	674.11
税收收入（亿元）	295.69	350.80	411.63	480.55	514.31	504.96	543.56
城镇土地使用税（亿元）	9.01	12.94	11.81	20.71	30.97	21.52	28.20
土地增值税（亿元）	37.83	41.84	56.01	75.22	75.55	90.29	98.66
耕地占用税（亿元）	7.04	14.55	14.59	13.68	12.74	12.23	0.95
房产税（亿元）	7.06	8.90	10.34	12.52	15.87	15.62	19.45
契税（亿元）	18.18	41.45	33.95	37.42	31.88	27.30	36.95
土地直接税收（亿元）	79.12	119.68	126.70	159.54	167.00	166.96	184.21
占税收收入比重（%）	26.8	34.1	30.8	33.2	32.5	33.1	33.9
占公共预算收入的比重（%）	23.3	29.2	26.3	28.7	26.6	26.2	27.3
土地出让收入（亿元）	176.36	210.22	245.86	161.39	214.32	298.35	294.18
占公共预算收入的比重（亿元）	51.9	51.3	51.1	29.1	34.1	46.8	43.6

资料来源：笔者根据《海南统计年鉴2018》和《中国国土资源统计年鉴2017》整理。

近年来，海南省地方财政对土地财政的过分依赖问题也得到了越来越多的关注，加快地方经济转型，摆脱房地产依赖成为海南省新时期发展的方向。2017年，中央第四环境保护督察组对海南省开展环境保护督察形成的督察意见指出，一些县（市）“热衷于搞‘短、平、快’的速效政绩工程，财政过分依赖房地产，房地产企业指到哪儿，政府规划跟到哪儿，鼓了钱袋、毁了生态。”《2018年海南省政府工作报告》明确提出“绝不让海南变成房地产加工厂，以“壮士断腕”的决心减少经济对房地产的依赖”。2018年4月14日，中共中央、国务院发布《关于支持海南全面深化改革开放的指导意见》（以下简称《意见》）进一步提出，支持海南全岛建设自由贸易试验区，支持海南逐步探索、稳步推进中国特色自由贸易港建设。这标志着海南进入全面深化改革开放的新阶段。《意见》明确指出要建立和完善房地产长效机制，防止房价大起大落。此后，中共海南省委办公厅、海南省人民政府办公厅发布了《关于进一步稳定房地产市场的通知》，提出实施全域限购等引导房地产转型发展的政策。这也标志着海南省进入打破房地产依赖的新的发展阶段，过去十余年来，地方财政的高度土地财政依赖也将进入新的转型时期，研究海南土地财政转型阶段对城市公共服务发展的影响，对于今后促进城市土地财政转型、完善公共服务供给具有重要的借鉴意义。

二、理论基础

土地财政是特定的制度情境和时代背景下所产生的经济现象，为了进一步明晰其内涵与外延、有效解决土地财政在实践中遇到的现实困境，需要从制度层面去剖析该现象产生的内在机理，因此探讨土地财政的相关理论基础具有非常重要的意义。

（一）土地地租理论

地租主要是指土地收益的表现形式，从国内外土地地租理论的发展脉络来看，可以划分为西方古典经济学的地租理论、现代西方经济学的地租理论以及马克思主义的地租理论（毕宝德，2011）。这些理论对于理解和把握我国土地财政现象依然具有现实价值。

西方古典经济学的地租理论开创于威廉·配第（William Petty）的《赋税论》（*Treatise on Taxes and Contributions*）一书，该著作提到了地租这一概念，并将其解释为在土地上生产农作物所得的剩余收入，地租由于土壤肥力、耕作技术及产地与市场的距离远近而不同（威廉·配第，1662），上述关于地租的内涵解释主要侧重于基于土地的使用权所获得的经济收入，开创了地租理论的起源性分析。此后诸多学者针对地租进行了大量的研究，例如，德国经济学家约翰·冯·杜能（Johann von Thünen，1986）研究了土地的地理位置与地租之间的关联性，在此基础上提出了区位地租的概念。

现代西方经济学的地租理论主要依据市场均衡理论和效用理论来具体阐述，以市场价格为切入点研究地租问题，如保罗·萨缪尔森（Paul A. Samuelson）、雷利·巴洛维（Raleigh Barlowe）等学者。土地资源的有限性所引发的稀缺性是地租产生的直接原因，而附着在土地上的产品的价格上升也推动了地租的形成，这背后反映的是土地资源所有者的经济利益最大化动机。

马克思主义地租理论是在吸收和反思早期西方经济学地租理论的基础上形成的。卡尔·马克思（Karl Marx，1960）主要阐述了资本主义级差地租生成的情形和背后的影响因素，并对级差地租Ⅰ和级差地租Ⅱ两种形式做了详细的探讨。

（二）土地税收理论

土地税收是土地财政的特定表现形式，以土地资源的所有权和使用权而征收的土地税和财产税等税种构成了土地财政税收收入的重要组成部分。

土地税的征收起源于威廉·配第（1662）发表的《赋税论》，讨论公共经费的筹集方式，认为采用土地税要优于划出部分土地作为王室保留地以取得收入的做法。后续诸多学者对土地税的研究进一步扩展和补充，如约翰·洛克（John Locke）提出了土地单一税论；亚当·斯密（Adam Smith）明确了土地税的直接税性质；阿尔弗雷德·马歇尔（Alfred Marshall）提出土地税的难以转嫁特性。土地税是一种效率意义上的良税，并体现了公平原则。

在财产税方面，亚当·斯密深入探讨了土地财产税的资本化问题，并且提出了对土地和建筑物实施差异化税率的论点，将土地财产税的外延进一步扩展，囊括区域内的公共服务供给所带来的价值提升。阿尔弗雷德·马歇尔阐述了土地财产税的内涵和其转嫁问题。哈维·罗森（Harvey S. Rosen）、特德·盖亚（Ted Gayer）基于税收归宿的视角对财产税进行了总结：分税率征收土地财产税的观点；具有累退特质的资本税的观点；蒂布特模型下作为公共服务享受的使用费的观点。

（三）财政分权理论

财政分权（fiscal decentralization）理论的形成起始于查尔斯·蒂布特（Charles Tiebout）的《地方财政支出的纯理论》（*The Pure Theory of Public Expenditure*）一文，后经由华莱士·奥茨（Wallace E. Oates）、弗里德里奇·哈耶克（Friedrich August Hayek）、理查·特里西（Richard W. Tresch）等学者的补充与完善，从而形成了第一代财政联邦主义（first generation fiscal federalism，FGFF）理论体系，围绕纵向层面不同层级政府在公共服务供给中的职责分配进行阐述。第二代财政联邦主义理论（second generation fiscal federalism，SGFF）则是由钱颖一和巴里·温加斯特（Barry R. Weingast）总结形成，适用于转型国家的制度情境和发展现状。

查尔斯·蒂布特（1956）提出了用脚投票理论，该机制的前提假定是地方政府相比上级政府能够更有效地供给公共服务，因此重点在于地方政府如何在特定税收制度支持下，供给能够满足居民偏好的公共服务。但是，该机制呈现出的是一个极端的模型，模型的前提假设是：投票者的自由流动与迁移，完全了解不同收支模型的差异，存在大量的社区供投票者选择，不需要考虑就业机会的限制，社区之间不存在公共服务的外部性问题，社区规模的优化（特定的承载力）、在最优规模之下的社区努力吸引投票者来此地居住来降低成本（如招商引资，吸引新的居住者），这是一个动态的流动过程，因此就形成了反映投票者偏好的收支模式，即用脚投票理论。

理查德·阿贝尔·马斯格雷夫（Richard Abel Musgrave，1959）提出公共财政的三个目标：分配职能、稳定职能、资源配置职能；其中，前两个职能由中央政府承担，而地方政府在资源配置领域担任重要角色，以提升当地居民的福利收益。华莱士·奥茨（1968）总结了分权定理，并阐述了纵向不同层级政府间转移支付的重要作用，有助于缓解垂直财政不平衡的困境，从而将财政支出的外溢效应内部化以及实现区域间的财政均等化。另外，弗里德里奇·哈耶克的分散性知识要求、乔治·斯蒂格勒（George Joseph Stigler）的资源配置有效性和公平性的需求以及理查·特里西的偏好误差理论均强调了财权下放地方政府有利于优化公共产品供给、满足居民偏好。上述内容均突出阐述了财政分权制度运行的优势，构成了第一代财政联邦主义理论体系的重要内容。

第二代财政联邦主义理论多关注财政分权与经济增长之间的关系，又称市场维护型财政联邦主义（Weingast，2009），国际上多以中国的实践为典型研究，论述了税收制度和转移支付政策对政府的政策选择形成不同强度的财政激励。国内诸多学者围绕该主题进行了大量的探讨；如周黎安（2007）在批判市场保护性联邦主义在中国运用的基础上构建了晋升锦标赛理论，从而解释了地方经济快速增长的原因，地方政府公务员更多地被认为是追求政治晋升的“政治人”，而不是财政联邦主义解释框架下追求财政收入的“经济人”。而陶然等（2010）质疑晋升锦标赛理论对现实解释的有效性，将政企关系和央地关系作为关键变量来解释地方追求财政收入最大化的行为。上述三种观点是对我国地方经济增长的原因做出的不同阐述，共同点在于剖析了地方政府行为的动机，差异在于对地方政府公务员的人性假设不同。

第二代财政联邦主义是根据地方政府公务员面临的双重激励来研究地方政府的行为绩效。因此，第二代财政分权理论将研究重心由如何在政府间合理安排公共产品的供给责任，转向了财政分权体制下地方政府行为，以及如何激励地方政府推动转型和增长，将地方政府这一“黑匣子”打开，阐述地方政府的行为动机和利益诉求（谢芬等，2013）。两代理论观点就内容上来看可以做到相互补充，从而丰富完善了财政分权的理论体系。

（四）财政幻觉理论

财政幻觉（fiscal illusion）理论起源于阿米卡尔·普维亚尼（Amilcare Puviani，1897）对财政幻觉概念的阐述。财政幻觉是在纳税过程中形成的一种主观性的认识，是纳税主体对所需承担的税收负担所产生负担的偏离实际的错觉。依据错觉对纳税主体产生的影响好恶可以将财政幻觉具化为乐观形式和悲观形式两种；其中，前者是指纳税主体低估了所需缴纳税收以支付公共产品价格的总额，后者恰恰与之相反，是指纳税主体高估了缴纳税收的总额。

财政幻觉现象的产生往往是由多方面因素促发的，在不同的制度环境下的表现形式也不一，有时政府会利用财政幻觉来主动制造纳税主体的相关错觉，从而消减纳税主体对于税收负担的反抗以获取选民信任和政治连任，这种往往是乐观形式的财政幻觉。但政府本身的制度设置尤其在纵向层面多层级政府的事权划分和支出责任划分不清晰的情况下，容易派生出财政幻觉，这是财政制度本身在实践过程中所附加的额外效应，而国内外学者更多地侧重于关注主观形式上的财政幻觉现象。

财政幻觉现象同样也会发生在土地财政领域。政府在凭借土地资源获取财政收入的过程中，做出的相关决策容易忽略土地资源本身的机会成本，在土地征收中，如果不对土地所有者给予任何补偿，政府就会无节制地扩大征地规模，直到其对公共物品的边际主观价值等于零（Johnson，1977）。这就是通常所说的土地财政过程中出现的财政幻觉，该行为背后的动机无非是政府自身利益的最大化，但是往往会降低社会资源的配置效率。而在实践过程中，政府通过会对所征收土地的土地所有者做出一定的补偿，但是该补偿的标准并不一致。这种补偿标准的不一致是由于标准生产的机制不同，有可能是由于法律、法规所限定的标准生产的，也有可能是由于实际操作过程中政府的自由裁量标准生成的。

三、研究方法

为了了解城市土地财政发展情况、对公共服务供给的影响、存在的问题以及面临的挑战，本研究选取了海南省陵水县作为研究对象，开展实地走访调研。在具体研究方法上，一是收集被调研对象的相关资料，如城市经济社会发展情况等；二是开展深度访谈，就一些具体问题和相关负责人及业务人员直接交流；三是以座谈会的形式与陵水县财政、卫生、国土、住建、交通、文旅、公安、统计等相关部门、相关同志就调研问题开展座谈和讨论，了解真实的情况和问题。

陵水县是海南省19个县（市）之一，也是海南省土地财政问题较为突出的典型县（市）之一。2017年，陵水县国有土地使用权出让收入22.3亿元，土地出让收入规模仅次于海口市和三亚市，位列第三位，占海南省全部县（市）的8.8%。中共中央、国务院《关于支持海南全面深化改革开放的指导意见》中提出了海南新的四大战略定位，即全面深化改革开放试验区、国家生态文明试验区、国际旅游消费中心以及国家重大战略服务保障区。在区域发展方面，按照东、西、南、北、中五大行政区域进行整合，形成“南北两极带动、东西两翼加快发展、中部山区生态保育”的总体空间格局，结合经济社会、人口地理、资源禀赋、历史人文、民族区域自治等因素，推进行政区划改革创新，优化行政区划设置和行政区划结构体系。陵水县未来发展战略功能依托南部大三亚旅游经济圈，重点发展旅游、海洋科技、热带特色高效农业、医疗健康、现代金融等产业，定位为国际热带海滨风景旅游城市、海上旅游合作开发基地、文化旅游总部经济集聚区、邮轮母港、国家深海基地、南繁育种基地。陵水县目前已经有清水湾互联网信息产业园、南平医疗健康养生园、高峰温泉旅游度假区等重点产业园区，正在努力争创一流的产业园区，这也是陵水县在互联网信息产业、医疗健康产业、旅游业等产业建设中的重要战略功能定位。

本文在简要分析海南省土地财政发展形势背景的基础上，选择陵水县进行深入分析，主要从土地财政发展现状，公共服务发展需求、挑战、问题和思路等方面，为进一步探索城市土地财政政策转型和完善公共服务发展提供借鉴和启示。

四、土地财政的规模与特征

海南国际旅游岛战略实施以来，陵水县房地产建设开发进入高峰时期，土地相关税收和政府性基金收入显著增长并呈现出一定的变动特征。本部分分别从土地相关税收和土地出让金等不同方面，考察陵水县土地财政的规模及其主要变动特点。

（一）土地税收占税收收入八成以上

从城镇土地使用税、土地增值税、耕地占用税、房产税、契税等土地流转交易等环节直接税收收入规模变动情况来看，海南国际旅游岛战略宣布实施以来，随着土地开发建设力度的快速推进，陵水县无论是土地税收的绝对数量还是占税收收入的相对比例来看都呈现出快速攀升态势。2011 年，全年 16.1 亿元税收收入中，土地相关直接税收收入为 1.0 亿元，占比仅为 6.2%。2012 年，全县土地税收收入规模增长了 2.5 倍，达 3.58 亿元，占当年税收收入的比例快速提高至 18.4%（见表 2）。到 2017 年，全县土地相关税收收入占全部税收收入的比重跃升至 85.0%，也就是说，陵水县八成以上的税收收入来自房地产相关行业。调研情况显示，如加上房地产、建筑业等土地相关间接税收的话，房地产相关行业税收占全部税收的比重则高达 95% 以上。房地产业已然成为当地的支柱产业，地方财政的土地依赖程度持续加深。

表2　　2011～2017年海南省陵水县土地税收情况

年份	2011	2012	2013	2014	2015	2016	2017
一般公共预算收入（亿元）	16.76	20.57	24.43	29.39	39.42	41.45	45.74
税收收入（亿元）	16.13	19.45	23.12	28.31	37.83	37.77	—
土地直接税收（亿元）	1.01	3.58	3.27	14.13	21.69	23.97	—
占税收收入的比重（%）	6.2	18.4	14.1	49.9	57.3	63.5	85.0

资料来源：2017年数据来源于调研资料，其他数据根据《2017年陵水统计年鉴》整理测算。

（二）土地出让金波动式增长

除了土地相关税收收入以外，占政府性基金主体部分的国有土地使用权出让金收入是地方土地财政的又一重要组成部分，其规模也更为庞大。以陵水县为例，2011年，全县土地出让金收入为10.86亿元，到2017年土地出让收入规模翻了一番，达到22.28亿元（见表3）。近年来，随着陵水县土地开发利用速度的加快，其土地出让收入规模也跃升海南省县（市）前列，土地出让金收入仅次于海口市和三亚市。总体来看，土地出让金收入占当地政府性基金收入的比例在八成左右，高于海南省19个县（市）的平均水平（见表4）。

表3　　2011～2017年海南省陵水县土地出让收支情况　　单位：亿元

年份	2011	2012	2013	2014	2015	2016	2017	合计
政府性基金收入	12.80	13.54	42.92	35.74	9.33	29.46	26.24	170.03
国有土地使用权出让金收入	10.86	11.68	39.08	32.16	6.62	23.72	22.28	146.40
国有土地使用权出让金支出	14.52	10.28	35.73	0.00	20.86	16.45	15.99	113.84

资料来源：笔者根据《2017年陵水统计年鉴》整理。

表4　　2017年海南省陵水县与海南省其他地市土地出让规模比较

项目	国有土地使用权出让收入（亿元）	国有土地使用权出让相关支出（亿元）	政府性基金收入（亿元）	土地出让收入占政府性基金比重（%）
全省总计	294.18	361.10	397.46	74
地市小计	252.22	340.08	326.78	77
陵水县	22.28	15.99	26.24	85

资料来源：笔者根据《海南统计年鉴2018》整理。

从土地出让收入的变动特征来看，由于国有土地使用权出让收入是非经常性收入，属于地方财政的一次性收入，同时受房地产市场政策调控以及宏观经济形势的影响较为明显，与相对较为稳定的税收收入相比，土地出让收入的波动性特点突出。以陵水县为例，2013 年国务院办公厅出台《关于继续做好房地产市场调控工作的通知》，提出加强房地产市场调控的五条政策措施（又称“国五条”），海南省修订《海南省闲置土地和处置规定》提出要逐步降低商品住房开发比例，随着房地产市场调控升级，土地出让收入的规模出现了明显的回落。2014 年，陵水县土地出让收入为 32.2 亿元，比上年减少 17.7%，到 2015 年进一步回落至 6.6 亿元。此后，随着房地产去库存政策的实施推进，2016～2017 年陵水县土地出让收入又出现了明显回升（见图 1）。

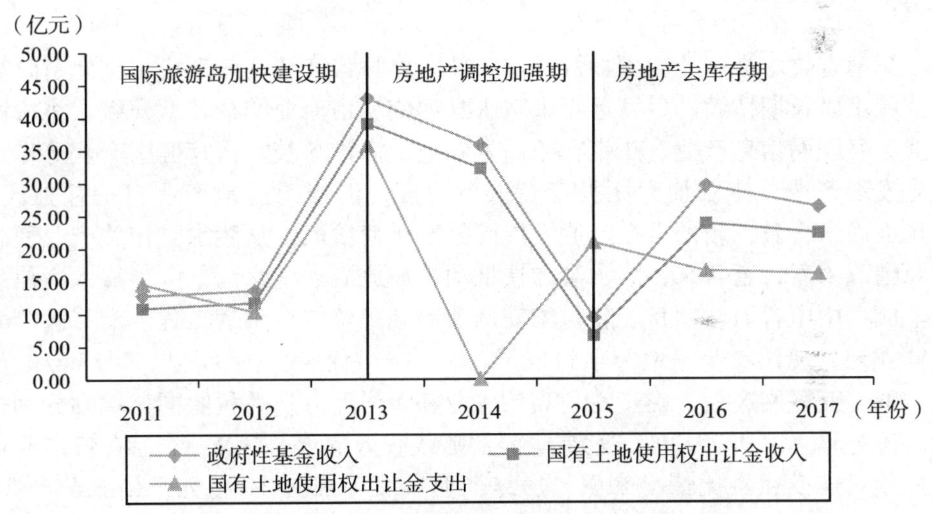

图 1　2011～2017 年海南省陵水县土地出让收支情况

资料来源：笔者根据《陵水统计年鉴》相关数据整理。

（三）基金收支结余短期激增

国际旅游岛战略实施以来，较短时期内土地出让金收入快速增加，而基金支出合理提前谋划不足，带来了政府性基金收支结余的短期激增。2010 年初，陵水县财政库款结余规模为 7 亿元。2010 年开始，借助国际旅游岛战略的落地带动陵水县房地产开发加快，进入开发建设高峰期，土地征用建设规模迅速增长，土地出让收入占 8 成左右的政府性基金收入也随之飙升，政府性基金收入短时间难以合理支出，财政库款结余增长显著。2014 年末，陵水县库款余额已达 85 亿元，比 2013 年末增加了 39.12 亿元，2017 年末，财政库款结余规模进一步增长到99亿元，其中政府性基金收支结余形成的库款规模为63亿元。①

五、土地财政依赖对公共服务供给的影响与挑战

近年来，土地财政收入的快速增长使得海南省陵水县土地财政依赖现象也愈加明显，随着海南省全面深化改革开放的加快推进，逐步降低并彻底摆脱土地财政依赖成为必然趋势，土地财政转型期和城市新战略定位发展期下，对城市公共服务供给带来了新的影响和挑战。

（一）供给侧：土地财政进入转型期，公共服务财力保障面临挑战

海南省陵水县产业转型加快推进，新的可替代产业尚未形成，土地财政高度依赖难以长期持续。尽管近年来陵水县加快城市产业结构转型升级，将旅游产业、互联网信息产业、热带特色高效农业、海洋科技、医疗健康产业等作为优先发展产业，持续加大相关产业扶持力度，但当前房地产业“一枝独大”的局面尚未打破，新的重点产业发展尚处于培育阶段。从陵水县相关产业税收贡献情况来看，近年来，陵水县加快推动全域旅游、清水湾景区、清水湾信息产业园、中电科海洋项目、新村黎安两个潟湖环境综合治理工程、南平医疗养生产业园、现代农业基地等项目发展，相关产业税收增幅明显。2017年，旅游产业、互联网产业、热带特色高效农业和海洋业等产业税收同比增幅分别达59.9%、32.8%和30.2%，远高于同期财政收入的增长速度。② 但在各产业税收的绝对规模和占比情况来看，房地产业税收完成近35亿元，是旅游产业、互联网产业、热带特色高效农业和海洋业等优先发展产业税收总和的93.8倍，房地产业税收占比达85%，而其他优先发展产业税收占比不足1%（见表5）。

表5　2017年海南省陵水县重点产业税收情况

主要重点产业	累计完成额（万元）	上年同期数（万元）	同比增减（万元）	同比幅度（%）	税收占比（%）
旅游产业	2233	1396	837	59.9	0.5

① 为了及时消化土地出让形成的结余资金，陵水县加强政府性基金与一般公共预算的统筹力度，2015～2017年累计从政府性基金结余中调出56.30亿元至一般公共预算统筹使用，以提升财政资金的使用效率。

② 2017年，陵水县地方一般公共预算收入45.7亿元，比上年决算数同口径增长19.3%。

续表

主要重点产业	累计完成额（万元）	上年同期数（万元）	同比增减（万元）	同比幅度（%）	税收占比（%）
互联网产业	1091	821	270	32.8	0.3
医疗健康产业	37	33	3	9.6	0.0
高端房地产业	349760	301645	48114	16.0	85.0
热带特色高效农业、海洋业	368	283	85	30.2	0.1
合计	353489	304179	49310	16.2	85.9

资料来源：笔者调研资料。

另外，土地财政收入受房地产调控周期波动性明显，影响财政可持续运行。近年来，海南省房地产长效机制加快推进建立完善，逐步降低对土地财政的过度依赖，平滑地方财政收入波动成为陵水县财政收入转型的重要发展目标。从土地财政收入的主要构成来看，首先，一次性土地出让金收入受政策调控因素影响波动较大，在海南实施“最严格的房地产调控”背景下，过去土地出让收入大幅增长态势难以为继。2018 年，中共海南省委办公厅、海南省人民政府办公厅联合发布《关于进一步稳定房地产市场的通知》明确提出“实行最严格的节约用地制度，实施建设用地总量和强度双控行动，确保海南建设用地总量在现有基础上不增加”“大幅减少直至停止供应外销商品住宅项目用地”，“实行严格的限购政策，在已出台限购政策的基础上，实施全域限购”等，从供需双侧严格房地产调控。其次，支撑土地相关税收增长的房地产行业转型也使得土地税收难以持续。

（二）需求侧：公共服务需求呈现新趋势，财政支出压力加大

从公共服务需求总量来看，人口规模较快增长，更高质量的公共服务需求日趋增加。随着自由贸易试验区（港）建设的推进，将会有更多的人口涌入海南省、进入陵水县，对陵水县的基础设施建设和公共服务水平提出更高的要求。首先，自由贸易试验区（港）建设的实施将推动陵水县经济发展，进驻较多的企业项目，就业机会的增加将吸引更多的人才流入，本地人才流出亦会减少。海南省“百万人才进海南行动计划”实施下，陵水县也对人才引进进行了相关规划。总体来看，未来一段时期，陵水县流入人口将有较为明显增长，流出人口会减少，人口机械增长将呈正增长态势。其次，陵水县是海南国际旅游岛建设的先行试验区，在行政区位上毗邻三亚市，随着海南行政区划的调整，陵水县与三亚市的同城效应逐渐显现，包括旅游人口等在内的常住人口

流动愈加频繁，环岛旅游公路、海洋主题公园等基础设施和旅游资源的建设、开通都将促进人口进一步流入。陵水县常住人口尤其是人才的增长，对公共服务尤其是优质教育和健康医疗等公共服务的需求将进一步提升。

从公共服务需求结构来看，季节性瞬时人口公共服务需求冲击现象明显，水资源等短板问题日益突出。一方面，在人口公共服务需求上，作为旅游城市，陵水县呈现出典型的候鸟人群以及瞬时人口冲击特点。公共服务需求冬夏季节性反差显著，旅游旺季尤其是春节期间对于公共服务的需求短时间暴增，供不应求，到了夏季，则出现供过于求的闲置状态。另一方面，国家生态文明建设试验区战略定位下，特殊区位地势特点使得水资源问题成为公共服务设施的主要短板。陵水是下游入海口，岛屿呈漏斗型，中间地势高，四周地势低，缺乏水储蓄，夏季降水量最多但人口相对较少，冬季人口较多时则普遍集中缺水。同时，受基础设施建设历史欠账等因素的影响，水污染处理能力滞后，水资源利用率偏低。

六、土地财政转型取向及政策建议

（一）推进城市产业转型

一是加快培育城市替代产业发展。陵水县地方财政九成左右收入来自房地产相关行业，迫切需要加快培育可替代的产业发展，逐渐摆脱城市土地财政依赖。海南省建设自由贸易试验区（港）战略定位下，结合自身区位和资源特点，推进旅游业、海洋科技、热带特色高效农业、医疗健康产业等产业发展，积极发展服务型经济、开放型经济、生态型经济，促进国际热带海滨风景旅游城市、海上旅游合作开发基地、文化旅游总部经济集聚区、邮轮母港、国家深海基地、南繁育种基地未来发展战略定位转型。以现代农业示范基地及全域旅游发展为主导，以高新技术产业、现代新型服务业、海洋产业为支撑，加快支柱产业从房地产业向旅游业、热点农业、新兴产业等转型发展。

二是进一步理顺政府间财力划分。一方面，完善省以下税收收入划分机制，适度减少城市政府房地产税收分成比例，提高其他产业税收分成，鼓励地方政府产业转型升级。2018 年以来，海南省实施了新一轮分税制财政体制，提高了省级政府在房地产业相关税收中占比最大的土地增值税和契税税收收入中的分成比例，将大部分收入集中于省级，同时将其他产业产生税收的大部分留给县（市），在倒逼县（市）转型发展、促进产业升级等方面进行了有益探索。另一方面，探索建立、健全土地财政转型激励机制，对剔除土地增值税、契税、城镇土地使用税、耕地占用税、房产税等房地产业相关税收后税收收入增幅，加大税收返还或财政转移支付力度。

（二）完善土地出让管理

一方面，加强土地出让基金管理和监督使用。首先，在土地供应上，向建设自由贸易试验区（港）的基础设施、产业发展、社会发展、民生需求等倾斜，大力发展旅游产业、热带特色高效农业等重点产业，助力企业发展壮大和推进重点产业建设，减少经济发展对房地产业的依赖。其次，做好节约集约用地工作，实施建设项目用地节地评价制度，把好土地出让准入门槛，对不符合节约用地原则的项目用地，不予办理相关用地审批工作。实施土地投入、产出、税收等更加严格的土地出让控制指标，提升土地的利用效益。

另一方面，加大统筹一般性公共预算的力度。进一步加强政府性基金与一般公共预算的统筹力度，土地出让金收入结转资金规模超过该项基金当年收入一定比例部分，调入一般公共预算统筹使用，优化财政资金的使用效率。

（三）增强公共服务财力保障

盘活土地财政存量资金，更好地用于加大对公共基础设施、社会民生事业的投入，积极营造一流的营商和人居环境。充分利用土地财政存量资金增强陵水县公共服务财力保障，加快弥补城市民生短板。

一是加大基础设施投入。统筹布局、互联互通、环境友好、适度超前，以路网、光网、电网、气网、水网等“五网”为重点，统筹推进城乡基础设施建设，全面提升城乡公共设施和基础设施现代化水平。在“多规合一”中统筹布局陵水基础设施建设，积极推进路网、气网、电网等的三年行动计划，在提升原有的基础设施建设的基础上，加强对新开发城区的建设，在国际旅游岛先行试验区积极探索、推进海绵城市和综合管廊项目建设。

二是完善公共服务供给。教育方面，提升公共教育服务水平和质量。引进境内外优质教育资源，推进中小学国际化学校建设，向国际化标准看齐，加快国内外高水平合作办学，确保引进人才子女享有优质教育服务。医疗保障方面，推动县城区医院二甲提升为三甲，加快三甲医院建设，促进境内外知名医院在陵水建分院，开展合作办医项目。

参考文献

［1］毕宝德．土地经济学（第六版）［M］．北京：中国人民大学出版社，2011：375－402.

［2］［英］威廉·配第．赋税论［M］．邱霞，译．武汉：武汉大学出版社，2011.

[3]［德］约翰·冯·杜能．孤立国同农业和国民经济的关系［M］．吴衡康，译．北京：商务印书馆，1986.

[4]［德］马克思，恩格斯．马克思恩格斯全集［M］．编译局，译．北京：人民出版社，1960.

[5] 周黎安．中国地方官员的晋升锦标赛模式研究［J］．经济研究，2007（7）．

[6] 陶然等．经济增长能带来晋升吗？——对晋升锦标赛理论的逻辑挑战与省级实证评估［J］．管理世界，2010（12）．

[7] 谢芬，肖育才．财政分权、地方政府行为与基本公共服务均等化［J］．财政研究，2013（11）．

[8] Tiebout C M. A Pure Theory of Local Expenditures [J]. Journal of Political Economy, 1956, 64 (5): 416 – 424.

[9] Musgrave R A. THE THEORY OF MULTI – LEVEL PUBLIC FINANCE [J]. Proceedings of the Annual Conference on Taxation under the Auspices of the National Tax Association, 1959, 52: 266 – 278.

[10] Oates W E. The Theory of Public Finance in a Federal System [J]. Canadian Journal of Economics, 1968, 1 (1): 37 – 54.

[11] Weingast B R. Second generation fiscal federalism: The implications of fiscal incentives [J]. Journal of Urban Economics, 2009, 65 (3): 279 – 293.

[12] Johnson M. B., "Planning without prices: A Discussion of land use regulation without compensation", in Planning without prices, edited by B. Siegan, Lexington, MA, Lexington Books, 1977, pp. 63 – 111.

实现我国职业院校高质量发展的路径研究

田　帆

内容提要：职业院校既是职业教育体系中不可或缺的部分，又是现代职业教育体系建设中的薄弱环节。从发展脉络看，职业院校已经实现了保障就业率的基本目标，应当进入高质量发展阶段。而从高质量的角度看，职业院校发展存在学生“不满意”、企业不认可、生涯不乐观等问题。目前，我国［本文指除我国港、澳、台地区外，31个省（区、市）］职业院校发展面临定位不清晰、生源质量差、师资水平低、机制不完善、监管能力弱等五大制约因素。职业院校未来的定位应当聚焦于扩大中等收入者群体促进经济社会协调发展，同时应打造强基础、重自由的双元制发展模式。实现手段主要包括：一是构建并完善评价体系；二是强化法律保障；三是提高参与能力；四是推动学历互认；五是加强师资建设。

一、引　言

近年来，国家对职业教育发展愈发重视，相继出台多部政策文件推动职业教育发展。职业教育的概念有广义和狭义之分，特别是在中国的教育体系中，广义的职业教育范围很宽，在一流的学术型院校中，计算机、医学、金融等专业均属于职业教育，这些专业的受欢迎程度要远远超过文、史、哲等专业。在职业教育被提及的多数时候，其概念往往会指向狭义的职业教育，聚焦于由职业院校所提供的相对较弱的中、高职教育。

纵观近40年历史，随着各个国家经济产业的发展及随之而来引发的一些如招工难、就业难、结构性失业等方面问题的出现，各国政府都开始高度重视职业教育的作用。特别是20世纪80年代开始，伴随着一系列的国际关系变革，各国政府对职业教育越发关注，出台了大量相关的法律文件，进行了很多行政干预（OECD，1999）。从干预的程度来看，美国、英国、澳大利亚等国家的干预一直相对较少（Murry，1965；Senker，1992），而在德国、丹麦、瑞士等学徒导向的体系中，职业教育与培训一直是商业的社会合作伙伴和工会的结晶，政府对其的干预甚至可以追溯到小学阶段（杰克·基廷，2018）。

立足于提升中国职业教育水平，国内众多学者对各国家职业教育的成功经验进行了总结与梳理，从原因、机制、路径等各个角度阐述了各国职业教育的优点并提出了启示（姜大源，2011；杨进，2014；曹晔，2014；关晶等，2011，2014；吴雪萍等，2011，2013；王永林等，2015）。总体而言，发达国家的职业教育有三种标志性的模式：一是德国模式，其最大的特征是很多国家争相效仿的双元制模式，强调企业在整个教育体系中的深度参与，为受教育对象提供深入对接市场需求的包括学历、非学历等形式在内的职业教育。二是美国模式，比较强调市场化的教育发展理念，学生在专业课程选择过程中有比较大的自主权。三是日本模式，学校教育阶段非常强调基础理论教育，而终身雇佣的企业文化使得日本企业在员工培训方面有很高的投入积极性。

作为职业教育体系中的标志性领域，中国职业院校发展虽取得了一定成效，但距离现代职业教育体系中的理论愿景尚存在不小差距，在机制设计（姚爱国，2008；李志宏，2013）、教育质量（张超，2009；闫志利，2014）、师资建设（张艳，2013；建梅，2015）等方面还存在诸多问题。总体而言，中国职业院校发展也陷入了一定的瓶颈，亟待形成具有中国特色的职业院校发展模式。本文拟在梳理职业院校发展脉络的基础上，采用更加清晰的评价起点就职业院校发展问题展开研究，并提出政策建议。余文安排如下：本文第二部分会梳理职业院校的发展脉络并提出新时期职业院校高质量发展的维度；第三部分会对根据提出的维度对职业院校高质量发展情况进行评价；第四部分会提出职业院校高质量发展面临的制约因素；第五部分会提出职业院校高质量发展的路径。

二、职业院校的发展脉络与展望

（一）发展脉络回顾：定位不断提高，入学门槛不断降低

我国职业院校发展共经历了以下三个阶段。

一是全面恢复阶段（1977～1992 年）。经历了特殊历史时期，中国教育百废待兴，伴随着高考的恢复，包括职业院校教育在内各类教育的恢复工作也全面启动。这一阶段，政府对职业院校的政策着力点更多地聚焦于职业技术教育特别是中等职业技术教育。1985 年 5 月 27 日，中共中央会议上通过《中共中央关于教育体制改革的决定》中指出，“发展职业技术教育要以中等职业技术

教育为重点，发挥中等专业学校的骨干作用，同时积极发展高等职业技术院校，优先对口招收中等职业技术学校毕业生以及有本专业实践经验、成绩合格的在职人员入学，逐步建立起一个从初级到高级、行业配套、结构合理又能与普通教育相互沟通的职业技术教育体系”。入学门槛方面，这一阶段教育普及程度很低，即便职业院校也属于一种稀缺性资源。1978 年，中国普通高中和中职共招生 737.6 万人，占初中毕业生比例为 43.6%，本科与大专共招生 52.6 万人，占高中及中职教育毕业生比例为 7.3%。到 1990 年（1992 年数据缺失），中国普通高中和中职招生人数上升至 535.9 万人，占初中毕业生比例上升为 47.7%，本科与大专招生人数上升为 90.1 万人，占高中及中职教育毕业生比例上升为 19%。尽管这一时期各类教育招生比例均有所上升，但职业院校依然也属于稀缺资源，同级毕业生中只有少量学生能进入职业院校就读。

二是加速发展阶段（1993～2002 年）。这一阶段，政府将职业技术教育摆上了更为重要的位置。1993 年颁布的《教育改革和发展纲要》中指出，“职业技术教育是现代教育的重要组成部分，是工业化和生产社会化、现代化的重要支柱。各级政府要高度重视，统筹规划，贯彻积极发展的方针，充分调动各部门、企事业单位和社会各界的积极性，形成全社会兴办多种形式、多层次职业技术教育的局面”。这一阶段教育规模进一步扩大，中等职业院校已经逐渐走向普及，高等职业院校的入学门槛也有所降低。到 2002 年，中国普通高中和中职共招生人数上升至 1150.3 万人，占高中及中职教育毕业生比例上升为 60.4%，本科与大专招生人数上升为 409.6 万人，占高中及中职教育毕业生比例上升为 53.6%。这一时期各类教育招生比例已经大幅提升，职业院校的相对位置开始下移，但同期初中毕业生依然只有约三成有资格进入高职及以上水平院校就读。

三是体系完善阶段（2002～2018 年）。这一阶段，职业院校在政策文件中被全面纳入广义的职业教育范畴，而政府对职业教育有了越来越高的定位。在《关于大力推进职业教育改革与发展的决定》中指出，职业教育是国民经济和社会发展的重要基础。在《关于加快发展现代职业教育的决定》中又再次指出，加快发展现代职业教育，是党中央、国务院作出的重大战略部署，对于深入实施创新驱动发展战略，创造更大人才红利，加快转方式、调结构、促升级具有十分重要的意义。这一阶段职业院校的发展规模已经非常庞大，中等职业院校几近普及，高等职业院校逐渐成为中等教育毕业生的底层选择。到目前为止，中国普通高中和中职共招生人数已经突破 1400 万人，占高中及中职教育毕业生比例也超过 100%，本科与大专招生人数亦突破 1000 万人，占高中及中职教育毕业生比例上升为 60%。伴随着教育的大规模扩招，职业院校就学资格的稀缺性逐渐消失，正式成为了各级毕业生的底层选择。

我国职业院校相关政策文件汇总及各类教育入学比例趋势见表1和图1。

表1　　1985～2018年我国职业院校相关政策文件汇总

文件名称	年份	发布单位（简称）	相关内容
《关于教育体制改革的决定》	1985	中共中央	要求中等职业技术教育要同经济和社会发展的需要密切结合起来。办学上，要求注重充分调动企事业单位和业务部门办学的积极性，鼓励集体、个人、各单位和部门自办、联办或与教育部门合办各种职业技术学校
《关于加强普通高等专科教育的意见》	1991	教育部	鼓励社会用人部门积极参与并承担人才的培养工作，全方位渗入职业教育教学过程中：教学上参与制订教学计划，评估办学水平，协助教育教学改革等；实践活动上密切教育、科研、生产的联系，建立稳定的实习基地；教师队伍建设上安排教师实习以提高教师专业实践能力
《中国教育和改革发展纲要》	1993	教育部	提倡联合办学，走产教结合路子，以厂（场）养校
《关于推动职业大学改革与建设的几点意见》	1995	教育部	要求大力探索并发展校办产业等产教结合实践以增强学校的办学活力与自我发展能力，不断增强学校在当地经济建设和社会发展中的影响力与促进作用
《国家中长期教育改革和发展规划纲要（2010～2020年）》	2000	教育部	加大职业院校教师培养培训力度：依托相关学校和企业，共建“双师型”教师
《关于制订高职高专教育专业教学计划的原则意见》	2000	教育部	培养培训基地。完善“双师型”教师培训制度
《关于以就业为导向深化高等职业教育改革的若干意见》	2004	教育部	积极开展订单式培养，建立产学研结合的长效机制
《大力发展职业教育的决定》	2005	国务院	完善与巩固“政府主导、依靠企业、充分发挥行业作用、社会力量积极参与，公办与民办共同发展”的多元办学格局
《关于加快发展现代职业教育的决定》	2014	国务院	产教融合、特色办学。同步规划职业教育与经济社会发展，协调推进人力资源开发与技术进步，推动教育教学改革与产业转型升级衔接配套。突出职业院校办学特色，强化校企协同育人

续表

文件名称	年份	发布单位（简称）	相关内容
《现代职业教育体系建设规划（2014～2020年）》	2014	教育部等	坚持产教融合发展。走开放融合、改革创新的中国特色现代职业教育体系建设道路，推动职业教育融入经济社会发展和改革开放的全过程，推动专业设置与产业需求、课程内容与职业标准、教学过程与生产过程对接，实现职业教育与技术进步和生产方式变革以及社会公共服务相适应，促进经济提质增效升级
《关于深化产教融合的若干意见》	2017	国务院	鼓励企业以独资、合资、合作等方式依法参与举办职业教育、高等教育。坚持准入条件透明化、审批范围最小化，细化标准、简化流程、优化服务，改进办学准入条件和审批环节。通过购买服务、委托管理等，支持企业参与公办职业学校办学。鼓励有条件的地区探索推进职业学校股份制、混合所有制改革，允许企业以资本、技术、管理等要素依法参与办学并享有相应权利
《职业学校校企合作促进办法》	2018	教育部等	校企合作实行校企主导、政府推动、行业指导、学校企业双主体实施的合作机制。国务院相关部门和地方各级人民政府应当建立健全校企合作的促进支持政策、服务平台和保障机制

资料来源：笔者整理。

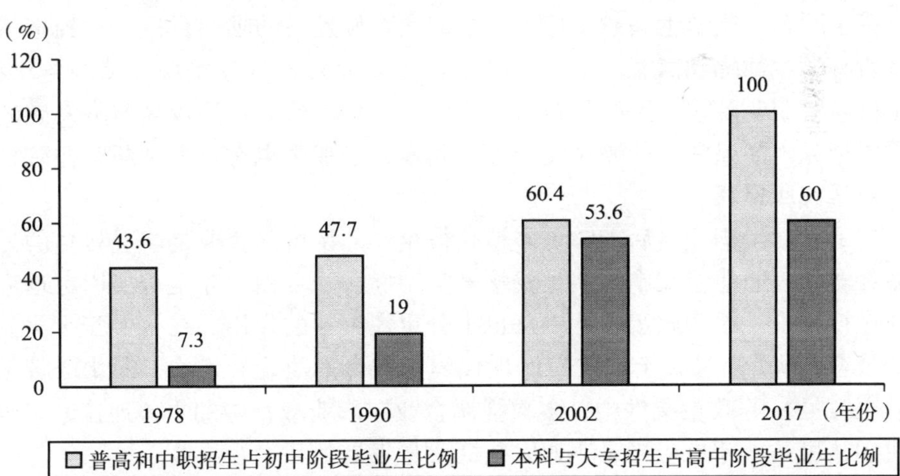

图1　1978年、1990年、2002年、2017年我国各类教育入学比例变动趋势

资料来源：笔者整理。

（二）未来展望：需进入高质量发展时期

伴随着各级、各类教育的扩张与普及，与普通院校相比处于相对弱势地位的职业院校特别是中等职业院校在很大程度上承担了“托养”的责任，做好德育工作，保障更多学生不会在青少年时期误入歧途，并让这些学生在毕业后能找到糊口的工作成为职业院校的基本目标。

从目前的情况来看，中国职业院校的就业率保持了较高水平，基本目标完成情况良好。根据《2018 中国高等职业教育质量年度报告》中的数据显示，2017 届高职院校毕业生半年后就业率为92.1%，平均月收入3860 元。尽管长期以来，我国就业领域一直存在招工难、就业难等结构性问题，但事实上在现有经济环境下，身体健康、受过基础教育的青年人若对薪资、岗位、地点等因素无过多挑剔，仅仅是找到工作并非难事。从职业院校生源特征看，很多职业院校特别是欠发达地区学生本身家庭条件一般，对工作岗位也不会过多挑剔。在下一阶段，职业院校应当进入高质量发展阶段，高质量的职业院校教育应当让学生自入学开始的整个人生当中有更多的机会提升自身的幸福感。

（三）高质量发展的三个维度：学生满意、企业认可、生涯乐观

将学生从入学开始到职业生涯结束看作一个动态过程，则职业院校的高质量发展应当包括三个主要维度。

一是在为学生提供相对满意的服务。教育服务与商业服务不同，学生并不完全等于顾客，让学生满意显然也不是职业院校发展的唯一目标，学校也不可能让所有学生都感到满意。但是，学生作为职业院校教育的最直接服务对象，学生群体对职业院校发展的相对满意程度理应是评价职业院校高质量发展的一个重要指标。如果学生的满意度能够不断提升，那么也有理由判断职业院校的发展质量有所提高。

二是在学生毕业之后能够更多地获得企业的认可。企业是职业教育的另一个服务对象，职业院校本身就是要培养实用性人才，而人才是否实用也理应由企业进行评价。中国政策长期以来也十分重视企业的作用，在《关于大力发展职业教育的决定》《关于加快发展现代职业教育的决定》《关于深化产教融合的若干意见》等政策文件中，多次强调企业在职业教育中的主体地位，培养企业更加认可的人才也应当是职业院校高质量发展的另一个维度。

三是让学生有更大的能力创造一个更好的职业生涯。尽管从理论上讲考试成绩并不必然决定综合素质，但考试能力与综合能力之间却有着很强的正相关性，职业院校学生的平均综合能力要低于普通院校是一个不争的事实，总体而言，职业院校学生的职业生涯发展也会普遍弱于普通院校。在达到基本的就业率前提下，高质量还应意味着缩短职业院校毕业生与普通院校毕业生的职业生涯发展差距，让职业院校毕业生能有一个相对更好的职业生涯也是职业院校高

质量发展的最终目标。

三、职业院校高质量发展的现状评价

从基本数据看，职业院校经过多年发展政策体系逐步完善、规模不断扩张、结构日趋多元，但通过对既有文献数据的进一步挖掘，可发现，从高质量角度看职业院校发展并不理想。

（一）学生“不满意”

目前有大量研究对职业院校的学生满意度进行了调查，但这些调查都是以某一年份为样本，没有连续跟踪调查。为了解职业院校学生满意度的变化趋势，这里采用横断元分析法①对既有文献数据进行加工整理。在中国知网上以“职业教育满意度”及“职业院校满意度”为主题进行搜索，2004 年至 2017 年 7 月的文章中符合条件的论文共 71 篇章。对文献的编码总共分为编号、文章名称、年份、地区、样本量、满意度均值、量表长度、人群等八个项目。② 通过 $\sum$ 样本量 × 满意度均值 ÷ $\sum$ 样本量的计算方法对各组满意度情况进行比较，首先对高职学生满意度与中职学生满意度进行比较，结论显示，高职学生满意度（均值 70.5）高于中职学生满意度（均值 67.3），而这一结论与《全国高等职业教育学生满意度调查》和《全国中等职业教育学生满意度调查》保持一致，从侧面验证了横断元分析的准确性。将每一年度为一组，分别计算各年度职业教育学生满意度均值，并按照侯佳伟（2014）的方法以满意度为因变量，年度为自变量进行回归分析，结果显示模式显著，但解释力度（R^2）仅为 11.2%，而系数只有 0.01。以年份为横坐标，职业教育满意度为纵坐标，把 71 项调查结果绘制在散点图上（见图 2），可以直观地看到满意度随

① 许多元分析研究都发现数据收集年代与研究结果存在关联。针对这种“年代效应”，1990 年代末，顿芝（Twenge）提出了一种特殊的元分析技术——“横断历史元分析”（cross temporal meta-analysis）或“横断历史研究”，即把现有孤立的研究按时间顺序加以连贯，考察研究变量均值随年代变化的趋势或规律。发展至今，横断元分析在幸福感、满意度、心理意愿等方面均产生了大量的应用成果。

② 其中，年份是指问卷的调查年份，在若为跨年度调查，则取起始年份。其中有一部分文献并未公布调查年份，通过计算剩余文献的调查时间与发表时间之差并取中位数 8，用发表时间减去 8 获得调查年份。考虑到地区间发展不均衡状况，数据库编码时以省为单位，一个省一年一项调查为一个个案，文章中未注明调查地点的按第一作者单位为准。各个省按照北京、天津、河北、辽宁、上海、江苏、浙江、福建、山东、广东、海南、山西、吉林、黑龙江、安徽、江西、河南、湖北、湖南、四川、重庆、贵州、云南、西藏、陕西、甘肃、青海、宁夏、新疆、广西、内蒙古的顺序从 1 ~ 31 分别进行编号，我国 31 个省（区、市）性调查编号为 0。人群分为中职学生和高职学生，中职学生记 1，高职学生记 2，中高职全包括记 0。满意度均值方面，通过量表长度进行换算，例如，量表长度为 5，均值为 3.5，则满意度均值 = 3.5 × (100/5)，当调查中量表由多个题目组成的，则取多个分题目均值的平均数。

年代变化较小，并不存在显著的变化趋势。从各年满意度均值的计算结果看，满意度一直呈现波动状态，在2006年、2010年、2014年分别达到短期峰值之后开始回落。

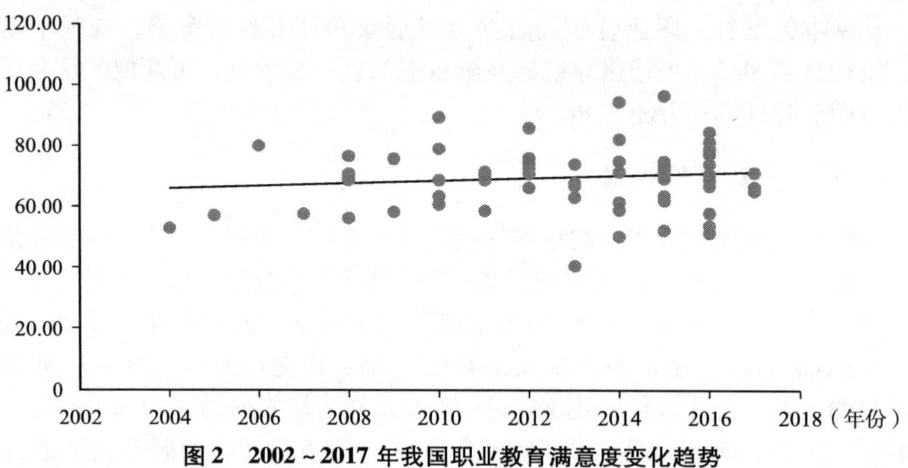

图2　2002～2017年我国职业教育满意度变化趋势

资料来源：笔者整理。

（二）企业不认可

培养企业需要的人才是职业院校的重要任务，对职业院校而言企业是除学生以外的另一个需求方，在职业院校教学质量评价过程中企业的评价是不可或缺的一环。《全国高等职业教育学生满意度调查》和《全国中等职业教育学生满意度调查》的结论显示，企业对职业教育的满意度明显低于学生满意度。《全国高等职业教育学生满意度调查》中雇主对高职教育学生满意度为61.74，而高职学生对职业教育学校满意度为70.52，《全国高等职业教育学生满意度调查》中雇主对中职教育满意度为53.4，而中职学生对职业教育满意度为66.5。

专栏1

常州职业教育情况分析

江苏省常州市武进区是我国首批双创示范基地，职业教育资源不仅丰富，而且多元。多年来，常州市把职业教育摆在了地区经济和社会发展中的重要位置，根据自身产业特点，常州市科教城打造了特色鲜明的职教集聚区，在带动区域产业发展中发挥了重要作用，实现了职教布局与产业园区发展良性互动，基本形成了职业教育与城市建设、经济转型和产业升级呼应衔接的规划布局。可以判断，常州乃至整个苏南地区的职业教育水平，已经达到了国内一流。为适应市场需求，常州市还会定期针对企业开展调研，并不断改变课程设置。即便如此，在笔者去常州调研并参与部门及企业座谈会过程中，企业代表依然当场表示了对当地职业教育培养质量的不满。

资料来源：笔者根据去常州调研时获取资料整理所得。

本文进一步对中国知网上职业院校的新闻报道进行了编码，[①] 将政府报告、专家学者的研究报告类信息剔除，保留新闻报道类信息，共检测到信息498条。从结果显示，在498篇报道中，有492篇报道均为正面报道，而在正面报道中也仅出现了37篇带有负面评价的报道。而从讲话引用情况看，有228篇引用了政府部门人员讲话，128篇引用了学校工作人员讲话，74篇引用了学生或家长讲话，而引用企业工作人员讲话的仅仅有24篇，而在这24篇报道中（见图3），少有企业老板或管理层对我国职业院校的直接正面评价。从以上数据看出，尽管职业院校正面报道非常之多，近一半的报道中政府部门人

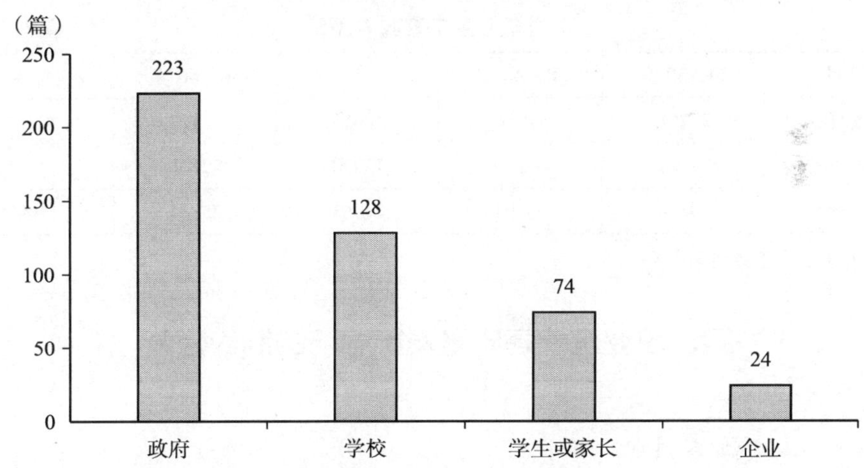

图3　我国各类型群体讲话引用情况比较

资料来源：笔者整理。

① 通过人工赋值的方法对各信息进行编码，编码分为两步，首先对报道整体为正面评价或负面评价进行赋值，正面评价记1，负面评价记0，之后在正面评价报道中，对其是否存在对现状的负面评价进行赋值，不存在记0，存在记1。仅仅对过去的负面视为不存在负面评价，例如某报道中若出现类似“某地职业院校过去存在某问题，而如今通过某手段已解决了问题”的报道，则赋值为0。在对信息类型进行编码之后，在对报道之引用讲话的讲话者类型进行编码，共分四种类型，分别为政府部门人员讲话、学校工作人员讲话、学生或家长讲话及企业工作人员讲话，引用讲话记1，未引用讲话记0。

员谈到了本地职业教育发展的成效，但依然很少见到企业代表对职业院校的正面评价，在仅有的 6 篇负面报道中，基本都报道了职业院校培养效果无法满足市场需求的情况。这一结论或许难以严谨验证企业对职业院校培养质量的不满，但至少可以说明企业并未对职业院校教育形成普遍的积极正面评价。

（三）生涯不乐观

通过中国综合社会调查（CGSS）已经对外公开的最新一期调查数据整理计算可得，大专学历的平均年收入为 40954 元，大学本科的平均年收入为 54053 元，两者之差达到 13099 元。通过分年龄段对比情况看，30 岁以下大专与本科学历收入差距为 9874 元，而到了 30 ~ 40 岁这一差距开始扩大，达到 18294 元，40 岁以上这一差距进一步扩大，40 ~ 50 岁为 24963 元，50 ~ 60 岁为 25265 元（见表 2）。虽然不能完全以收入作为衡量职业生涯的唯一标准，但收入的显著差距依然可以说明平均而言职业院校毕业生的职业生涯发展与普通院校毕业生的职业生涯存在显著差距。

表 2　根据 CGSS 数据计算所得我国大专毕业生与本科毕业生工资收入差距

单位：元

项目	20 ~ 30 岁	30 ~ 40 岁	40 ~ 50 岁	50 ~ 60 岁	总体
大专学历	27751	47946	48056	47477	40954
本科学历	37626	66240	73020	72742	54053
差距	9874	18294	24963	25265	13099

资料来源：笔者整理。

四、职业院校高质量发展面临的制约因素

（一）定位不清晰

中国职业院校规模非常庞大，类型也非常多元，高质量发展首先必须要有一个清晰的定位，明确发展的方向和重点。根据《中华人民共和国职业教育法》规定，中等职业学校教育分别由中等职业学校实施；高等职业学校教育根据需要和条件由高等职业学校实施，或者由普通高等学校实施。换言之，职业院校只是职业教育的部分内容。如前所述，职业院校在 21 世纪以前的政策着力点更多的聚焦于职业技术教育，在 21 世纪以后，职业院校发展被纳入了现代职业教育体系的框架之下，但作为底层教育，建设现代职业教育体系、产教

融合发展等很多战略的目标单靠职业院校难以实现，职业院校本身需要一个更加清晰的定位，在“尽力而为”的基础之上做到“量力而行”。目前的情况是，对职业院校发展的上限界定不清晰，很多时候职业院校被等同于了广义的职业教育，过高的预期也造成一些政策定位的偏差。

专栏2

关于职普比例的讨论

在《国务院关于大力发展职业教育的决定》中提出，到2010年，要实现普通高中与中等职业教育招生规模大体相当，高等职业教育招生规模占高等教育规模一半以上的目标，在《国务院关于加快发展现代职业教育的决定》中，又将这一目标进一步定在了2020年。职普比例特别是高中阶段的职普比例问题，直接影响着教育体系的整体发展。从国际经验看，很多人均GDP高于中国的欧洲发达国家的职普比确实达到了“大体相当”，这也是支持职普比例相当一派经常使用的论据之一。但从发展趋势看，很多发达国家中等职业教育所占比例近年都出现了下降趋势，例如2001年，德国和英国的这一数据分别为68.8%和63.6%，而到2012年已经分别降至55.6%和38.6%，在国际上，同样作为职业教育标杆式国家的日本，这一数字一直保持在30%以下，美国的公立高中更是没有职业高中的概念。

从教育制度看，高考一直是解析中国教育制度的逻辑起点，统一的考试制度保障了教育的公平性，给予了所有考生相对公平的机会。中职院校的学生由于所受教育内容的不同而难以在高考之中与普通院校学生平等竞争，实际上中等职业教育与普通教育是在高考之前进行的一次教育分流，而过早的分流更加容易受到家庭代际等因素的影响，其结果会加剧社会阶层的固化。从职能上看，职业院校实际上只承载广义职业教育的部分职能，相对高端的职业教育专业最终还是要由能授予本科及以上学位的普通院校承担。职业院校的主流专业主要是包括高级技工在内的各种蓝领型专业，而这些专业还需要有标准化和长期性的特征，例如门槛过低的家政服务或在互联网背景下催生出的快递等专业并不适合由职业院校进行专业化教育，其培训的主体应当是企业及培训机构。正因为如此，“能力有限”的职业院校不宜过多以普通教育规模为参照进行招生数量上的规划，比例的扩张很容易导致教育质量的下降与发展方向的偏差，而这一偏差正是由于对职业院校发展定位不清晰导致的。

资料来源：外国数据来源于OECD官网。

（二）生源质量差

从某种程度上，每一个毕业的学生都可以看作职业院校通过教育而创造的“人力型产品”，而生源是这一过程中的第一个环节。对绝大多数人而言，职业院校都是综合考虑到自身学习成绩、家庭条件等因素之后的一种退而求其次的选择。与此同时，职业院校还往往是很多人的最低选择，与德国等国家的教育体系不同，[①] 中国蓝领类型专业的教育培训相对较少，职业院校几乎成为了教育体系中的底层教育机构。尽管应试能力并不等同于实践能力，但这二者之间却存在比较高的相关性，作为考试选拔制度中被淘汰的一方，职业院校的学生能力相对较差、学习积极性也不高，这对教学而言形成了很大挑战。很多职业院校的整体学习氛围也并不理想，学生逃学、打架、滥交等行为时有发生，德育工作成为职业院校发展过程中的另一大难点。

（三）师资水平低

教育本身就是以人为载体的知识传递过程，任何教育领域的成功都离不开高水平的师资队伍。职业院校肩负着满足市场需求，培养技能人才，让每个人都有人生出彩机会的重要使命，这就要求职业院校的师资队伍不仅能培养学生的品德并提升学生的理论水平，更加需要提升学生的实践能力。作为教育体系底层的职业院校不仅生源质量差，师资水平低也是一个长期性问题。与普通院校相比，职业院校教师待遇差、职称晋升名额少，发展空间窄，对年轻教师而言吸引力较低，同样是绝大多数青年教师的退而求其次选择。同时由于受到事业单位若干管理规定束缚，职业院校教师长期缺编，难以根据需要进行教职人员招聘。与普通院校不同，职业院校的教学内容更加注重实用性，因此，教师需要更加了解企业的真实需要，而在基本要求都难以保障的情况下，对职业院校教师实践经历的要求更是完全无法实现，又由于事业单位铁饭碗的特征，造成职业院校中很多教师即便难以满足教学需求，也仍然没有更新自身知识技能的机会与意愿。

（四）机制不完善

在职业院校生源质量差、师资水平低的情况下，企业的深度参与理应成为

---

① 在德国的中、高等教育体系中，在学历教育之下还有大量的只发放技能证书，不发放学位证书的培训教育。拿高等教育来说，德国的高中生毕业后面临普通大学、技术学院、教育培训三种选择，作为德国职业教育标志之一的技术学院其实并不等同于中国的高职教育，相较而言更加接近于中国高等教育中的“二本”，德国技术学院的毕业生会获得本科或硕士学历，在专业设置上技术学院与普通大学非常接近，教育上更注重实践。德国大量的学生考不上普通大学与技术学院，只能参加教育培训，而大多数教育培训只发放技能证书。

突破职业院校发展瓶颈的核心手段，然而在现有条件下，企业参与职业教育仍旧面临机制障碍。从国际经验看，企业参与职业教育的积极性除了社会责任以外更重要的动机来源于雇用更为廉价的劳动力以及提前培养自己需要的人才（杰克·基廷，2018），而满足企业的利益诉求需要给予企业及行业协会足够的制度保障，当前我国的制度环境仍不能达到这一条件。对于职业教育校企合作具有指导意义的法律主要有《中华人民共和国职业教育法》《中华人民共和国教育法》《中华人民共和国高等教育法》《中华人民共和国劳动法》等，而这些法律在促进职业教育校企合作过程中较多是扮演一般性法律的角色，对校企合作的相关内容仅做一些原则性和概括性的规定，对于校企合作的开展在合作形式、合作内容制定、合作管理等具体细节方面也缺少应有的说明。此外，中国在促进社会力量参与治理决策方面一直有较大提升空间，行业协会参与职业教育的深度也同样较弱。在目前机制下，政府掌握着大量控制行业发展和直接管制企业行为的政策和行政手段，许多行业协会与政府行政管理部门之间比较偏向“附庸”关系，政府没有真正赋予行业协会应有的权力职能。在参与职业教育方面，行业协会在专业课程设置、资格标准建立等方面均只有协商的权力，实际影响力比起德国等职业教育强国有很大差距。

（五）监管能力弱

伴随着大规模的扩张，如何有效地监管是各级、各类教育学校面临的共性问题，作为底层教育的职业院校由于不被重视、受关注较少等原因，对其监管能力的薄弱也成为制约职业院校高质量发展的又一个制约因素。目前教学督导是职业院校监管的主要形式，职业院校的教学督导工作本质上与普通院校的教学督导工作相通，由于职业院校教学的特殊性，其监管工作的内涵不仅丰富，其外延性也较大，与普通高校的教学督导工作有许多不同。从现有的情况看，职业院校的教学督导并不令人满意，主要体现在三个方面：一是重视不够，教学督导工作经常被视为可有可无的内容，教学督导人员反映的问题也往往无法得到效仿的重视，很多职业院校的教学督导机构行政级别低，难以形成震慑；二是缺乏有效的制度保证，教学督导专家的责任和权力不清，工作不够深入，导致教学督导队伍往往形同虚设；三是督导覆盖面窄，对人才培育方案、课程设置的督导有所忽视。与普通院校相比相对更为薄弱的职业院校在管理、教学等方面本身也存在更加严重的问题，而由于监管的不足使得很多问题变得日趋严重。在管理方面，部分职业院校领导忽视教学工作，甚至不了解基本的教务流程。在教学方面，个别职业院校存在教师将学生视作廉价劳动力送到企业实习并从中收取好处的情况，甚至还有自身不教学而直接将学生推销至其他培训机构的现象。

五、职业院校高质量发展的路径

（一）定位：扩大中等收入者群体促进经济社会协调发展

如前所述，职业院校的人才培养是存在上限的，国家发展需要的各类高、精、尖人才理应由“双一流”建设中的各类高等院校完成，而职业院校的教育对象主要是考试选拔中的落选生，综合提升这些学生的素质，让他们有相对更好的职业生涯和人生经历是职业院校发展的核心目标。扩大中等收入者群体是中国未来进一步促进经济增长，跨越中等收入陷阱过程中不可或缺的一环。围绕这一目标，职业院校高质量发展的定位应当聚焦于使尽可能多的学生进入并保持在中等收入者群体之中，一方面促进国家经济发展，另一方面助力打造橄榄型社会结构，维护社会稳定。结构方面，应当聚焦于高等职业院校发展。在专业方面，应当重点发展偏蓝领、偏实用型专业。

（二）模式选择：打造强基础、重自由的双元制发展模式

无论哪种现有的成熟模式，结合中国自身的国情都难以完全照搬。拿德国模式来说，中国的职业院校完全处于教育体系的底层，对于绝大多数学生或教师而言也均是底层选择，这一点与德国相比有较大的差异，若照搬德国模式，则意味着要在更早的阶段进行教育分流，而这种分流会影响中国目前的教育公平，不适合现有国情。拿美国模式来说，中国教育一直秉承事业的理念，发展过程中形成了政府主导的管理模式，这与高度市场化的美国相比是一种截然不同的体制，若照搬美国模式，则会形成很有效的监管与激励机制。拿日本模式来说，中国企业参与职业教育积极性一直不高，近年来变化较快的市场环境使得很多企业无暇顾及员工的培训问题，这一点与有终身雇用企业文化的日本相比有很大的差距，若照搬日本模式，则企业很难在职业教育过程中发挥作用。

在借鉴各国可利用经验基础之上，中国应当打造强基础、重自由的双元制发展模式。职业院校高质量发展不是简单的技能传授，而要全面提升学生的学习能力，因此基础理论方面的教育同样至关重要。这个方面，可以学习日本模式，强化基础理论教育，并将职业院校发展重点聚焦于高等职业院校。职业院校高质量发展还需要因材施教，而因材施教的过程中发挥学生的自主权尤为重要。这个方面，可以学习美国模式，做好各种课程、教育形势与学历之间的衔接工作，为学生提供“菜单式”教育。职业院校高质量发展更加需要企业的

深度参与以直接提升学生及教师的实践经验。这个方面，可以学习德国模式，让企业参与到教育的整个过程中，使企业成为提供教育的另一个主体。

（三）措施：多点发力、稳步推进

一是构建并完善评价体系。在明确职业院校发展目标、定位的基础之上，构建并完善职业院校的评价体系，评价体系中引入企业在学校专业规划、教材开发、教学设计、课程设置、实习实训等方面的参与情况，评价主体要在政府、学校自评价基础之上引入学生、企业评价以及第三方社会评价。建立了完善的评价体系之后，可以效仿“双一流”政策思路，打造一批重点职业院校及专业，对入选的职业院校给予一定资金、制度奖励，同时建立严格的考核、退出机制。

二是强化法律保障。从顶层上加速简政放权，破除职业院校发展面临的机制障碍。修改《中华人民共和国职业教育法》，明确企业作为职业教育主体的合法地位，增强企业在学位给予、学历晋升过程中影响力。修订其他相关部门法，对《中华人民共和国劳动法》《中华人民共和国企业所得税法》等配套修订，将校企合作事项列入相关条款中，同时明确职业教育发展需求，将校企合作融入创新驱动发展、新型城镇化、制造强国战略等各项政策之中。进一步出台企业参与职业教育标准，对达到特定规模、效益企业给予更多参与权力，全面提高企业参与职业教育的积极性。

三是提高参与能力。提升行业协会参与职业教育能力，促进各类型企业协同参与职业教育。整体方向可借鉴德国经验，通过授权委托等方式，使行业协会在课程设置、资质标准制定等方面发挥更大的作用，同时将对职业教育中学校、企业、学生的监管权力也逐步下放至行业协会。进一步鼓励有条件的企业独立或联合创办职业教育学校及职业培训机构，优化现有技能证书认定制度，建立教育学历学位与工作经历、技能证书之间的互联互认机制。

四是推动学历互认。探索建立更为丰富的积分制学历获取机制，在课程选择、实习选择方面给予学生更大自主权，同时打通课程与实习之间的互认渠道，提升企业评价在学历授予方面的作用。进一步推动中、高职衔接改革方向，大力推进中、高职衔接应用型本科教育的教学标准建设和教学体系改革，建立相应的人才培养评价体系，对开展中、高职衔接成效显著的本科高校给予政策倾斜，推动试点高校真正办出高水平、有特色的中、高职衔接应用型本科，进一步推动应用型本科真正转型发展。

五是加强师资建设。切实加强教师与企业交流力度，将教师赴企业实习或访问交流等经历及企业对教师评价纳入教师考核指标之中，并将考核结果与职称、职务、薪资等因素挂钩。按照“不求所有、但求所用”原则，柔性引进本科高校或企业专业人才在职业院校阶段性就职，同时以校企合作为纽带加强职业院校聘请兼职教师灵活性及自主性。依托信息化手段，由政府出资打造一批针对职业院校专业课程的共享视频教学软件，并定期组织专家对教学问题进行线上答疑。

参考文献

[1]［美］杰克·基廷．变革的影响［M］．杨蕊竹，译．北京：首都经济贸易大学出版社，2016.

[2] 李俊．德国职业教育的想象、现实与启示——再论德国职业教育发展的社会原因［J］．外国教育研究，2016（8）：14－27.

[3] 关晶，石伟平．西方现代学徒制的特征及启示［J］．职业技术教育，2011，32（31）：77－83.

[4] 关晶，石伟平．现代学徒制为何国际上受青睐［J］．职业技术，2014（10）：20－21.

[5] 吴雪萍，张科丽．欧洲职业教育与培训质量保证参考框架分析［J］．教育研究，2011（3）：93－97.

[6] 姚爱国．沿革与反思：我国高等职业教育质量保障制度建设二十年［J］．卫生职业教育，2008，26（20）：16－18.

[7] 李志宏．对加强高等职业教育质量保障体系建设的思考［J］．中国高等教育评估，2013（2）：3－6.

[8] 张超．高等职业教育质量保障体系建设研究［J］．天津市教科院学报，2009（6）：54－56.

[9] 闫志利，庞宁．中职教育质量评价的理论困惑、实践困境与应对策略［J］．职教通讯，2014（13）：1－5.

[10] 张艳．浅析我国高等职业教育存在的问题［J］．青春岁月，2011（20）：327.

[11] 建梅．关于加强中职教育师资队伍建设的几点思考［J］．俪人：教师，2015（24）：249.

[12] Gill I S, Dar A, Fluitman F. Constraints and innovation in reforming national training systems – Cross-country comparisons [J]. International Journal of Manpower, 1999, 20 (7): 405 – 432.

[13] Mckenzie P, Durand – Drouhin M. Thematic review of the transition from initial education to working life [J]. Campbells Atlas of Oil & Gas Depletion, 1997, 33 (7): 960 – 962.

[14] Murry S. Technical education in Australia 1788 – 1914: A select bibliography [J]. Melbourne Studies in Education, 1967 (1): 210 – 245.

[15] Senker P. Industrial training in a cold climate: an assessment of Britain's training policies [J]. 1992.

[16] Brown P, Green A, Lauder H. High skills: globalization, competitiveness, and skill formation [J]. Oup Catalogue, 2001, 17 (100): 445 – 449.

[17] Bouder A, Kirsch J L. The French Vocational Education and Training System: like an unrecognised prototype? [J]. European Journal of Education, 2007, 42 (4): 503 – 521.

[18] Ishida H. Educational credentials and labour-market entry outcomes in Japan [C] //Y Shavit & W Muller, From School To Work: A Comparative Study of Educational Qualifications & Occupational Destinations, 1998: 287 – 309.

助推我国产业转型升级的职业教育发展研究

潘 华

内容提要：职业教育是与产业转型升级关系最为密切的教育类型。当前，我国［本文指除我国港、澳、台地区外，31 个省（区、市）］正处于产业转型升级的关键时期，职业教育的发展是助推产业转型升级的重要力量。然而，由于我国职业学校教育、职业技能培训以及统筹发展职业学校教育和职业技能培训方面仍存在诸多问题，导致职业教育对产业转型升级的助推作用尚未得到充分发挥。从发达国家和国内典型地区的经验来看，深化职业教育产教融合，推行终身职业技能培训制度，统筹发展职业学校教育和职业技能培训，是充分发挥职业教育对产业转型升级助推作用的重要举措。未来一段时期，应加紧完善职业教育法律、法规，整合、优化职业教育资源布局和专业设置，深化职业教育领域政、产、学、研、用深度融合，贯彻落实终身职业技能培训制度。

一、概念界定与理论基础

（一）相关概念的界定

1. 产业转型

目前，学术界对产业转型存在着两种不同的解释：一是宏观视角的产业转型。在这一视角下，产业转型是指一个国家或地区在一定历史时期内，根据国际和国内经济、科技等发展现状和趋势，通过特定的产业、财政、金融等政策措施，对其现存产业结构的各个方面进行直接或间接的调整。也就是说，产业转型是一个国家或地区的国民经济主要构成中，产业结构、产业规模、产业组织、产业技术装备等发生显著变动的状态或过程。从这一角度来看，产业转型是一个综合性的过程，包括产业在结构、组织和技术等多方面的转型；二是微观视角的产业转型。在这一视角下，产业转型是指一个行业内的资源存量在产业间的再配置，也就是将资本、劳动力等生产要素从衰退产业向新兴产业转型的过程。本文的研究重心是从宏观视角分析职业教育发展对产业转型升级的助推作用，因此，本文中的产业转型是宏观视角下的产业转型。

2. 产业升级

一般而言，产业升级指的是使产品附加值提高的生产要素改进、结构改变、生产效率与产品质量提高、产业链升级。然而，如果分别从微观、中观、宏观的视角来看，产业升级的具体内涵存在着一定的差异。在微观视角下，产业升级指的是一个企业中产品的附加值提高。针对特定企业而言，其产品附加值提高的途径包括企业技术升级、管理模式改进、企业结构改变、产品质量与生产效率提高、产业链升级等。在中观的视角下，产业升级指的是一个产业中产品的平均附加值的提高。在这一视角下，产品平均附加值提高的途径包括同一产业中的各个企业技术升级、管理模式改进、企业结构改变、产品质量与生产效率提高、产业链升级。从宏观的视角来看，产业升级指的是产业结构升级，即一个国家经济增长方式的转变，比如从劳动密集型增长方式向资本密集型、知识密集型增长方式的转变，资源运营增长方式向产品运营、资产运营、资本运营、知识运营增长方式的转变。在这一视角下，产业升级既包括旧的产业结构的升级，也包括新的、更高级的业态的产生。无论是微观视角、中观视角，还是宏观视角，产品附加值提高都是产业升级的核心与灵魂，而经济活动的主体体提高是产品附加值提高的根本途径。本文的研究重心是探讨职业教育发展对产业升级的助推作用，研究的对象并不局限于特定企业或者特定行业，因此，本文中的产业升级是宏观视角下的产业升级。

3. 职业教育

通常情况下，职业教育是指对受教育者实施可从事某种职业或生产劳动所必需的职业知识、技能和职业道德的教育，主要包括职业学校教育和职业技能培训这两个方面的内容。其中，职业学校教育指的是学历性的职业教育，分为初等、中等和高等职业学校教育；职业技能培训是指按照国家职业分类和职业技能标准进行的规范性培训，即被培训者通过职业技能培训基本掌握某个领域或行业内的完成特定工作的技能和工作方法。本文的职业教育涵盖了职业学校教育和职业技能培训这两个方面的内容。

（二）理论基础

1. 产业转型升级的驱动力理论

产业转型升级是一个动态的发展过程，与资源、环境密切相关，标志着人类社会的文明发展与不断进步，在经济发展的不同阶段表现出不同的特征。根据产业发展依赖的资源以及创造不同层次资源的机制与能力，哈佛大学商学院迈克尔·波特（Michael E. Porter）将产业转型升级分为要素驱动、投资驱动、创新驱动和财富驱动四个阶段。[①] 在要素驱动阶段，产业转型升级主要依靠土地、资源、劳动力等生产要素的投入，其发展缺乏可持续性，适用于科技创新匮乏的时期；在投资驱动阶段，产业转型升级主要依靠市场或政府投资拉动，所投入的要素包括资本、劳动和技术进步等，通过投资驱动获得高额利润，但是会加速资源消耗、环境恶化，同时也缺乏创新动力；在创新驱动阶段，产业转型升级主要依靠科技研发、技术变革、工艺流程的进步来提高生产效率，实现集约的增长方式；在财富驱动阶段，产业转型升级主要依靠前三个阶段的财富积累来维持经济增长，产业发展的动力是已经拥有的资产。美国经济学家霍利斯·钱纳里（Hollis B. Chenery）认为，在工业化发展的前期和中期，产业转型升级主要依靠要素驱动和投资驱动，但是到了工业化的中后期，要素驱动和投资驱动的功能已经充分显现，仅靠它们已经不能适应经济发展，产业转型升级呼唤创新驱动。[②]

2. 人力资本理论

20世纪60年代，美国经济学家西奥多·舒尔茨（Theodore W. Schultz）和加里·贝克尔（Gary S. Becker）创立了人力资本理论，从而开辟了关于人类生产能力的崭新思路。该理论认为，物质资本指物质产品上的资本，包括厂房、机器、设备、原材料、土地、货币和其他有价证券等；而人力资本则是体现在人身上的资本，即对生产者进行教育、职业培训等支出及其在接受教育时的机会成本等的总和，表现为蕴含于人身上的各种生产知识、劳动与管理技能以及健康素质的存量总和。该理论的核心观念包括：（1）人力资源是一切资源中最主要的资源，人力资本理论是经济学的核心问题；（2）在经济增长中，人力资本的作用要大于物质资本的作用，人力资本投资与国民收入成正比，其增长速度要快于物质资源的增长速度；（3）人力资本的核心是提高人口质量，教育投资是人力资本投资的主要部分。教育是提高人力资本最基本的手段，所以，也可以把人力资本投资视为教育投资问题；（4）教育投资应以市场供求关系为依据，以人力价格的浮云为衡量符合。

3. 产业工人的技能形成理论

在产业转型升级的创新驱动阶段，产业工人的技能水平是促进产业结构迈向高级化的至关重要的因素。因此，构建与产业转型升级相适应的产业工人技

---

① ［美］迈克尔·波特，国家竞争优势［M］．李明轩，邱如美，译．北京：中信出版社，2007.

② ［美］霍利斯·钱纳里，谢尔曼·鲁宾逊．工业化和经济增长的比较研究［M］．吴奇，王松宝，译．上海：上海三联书店，2015.

能形成体系就成为一项重要的系统性制度安排。所谓技能形成，指的是相关主体（如产业工人）通过学习、模仿、演练等方式获得、获取技能的过程。美国经济学家达龙·阿西莫格鲁（Daron Acemoglu）和J. S. 皮施克（J. S. Pischke）认为，尽管技能以个体为根本依托，但更为宏观的组织以及国家（社会）层面的技能形成往往更值得关注，后者构成了经济社会发展的关键变量。① 基于这一观点，演化经济学形成了技能形成体系的概念。所谓技能形成体系，就是国家协调社会各部门、各相关经济主体的利益关系，以达成有效社会合作的方式，培育推动社会经济发展所需各种专业技能的系统性制度安排。② 有学者认为，作为一个制度包，技能形成体系主要包括责任分担的技能投资制度、标准化与可转移的技能供应制度、科学公正的技能评价和资格认证制度、公平可信的技能使用制度以及多方支持的社会合作制度等。③

二、我国职业教育发展的现状

（一）我国职业学校教育的发展现状

1. 建成世界规模最大的职业教育人才培养与开发体系

目前，我国已建成包含中等职业学校和高等职业学校在内的世界上最大规模的职业教育体系，形成了中国特色现代职业教育体系的基本框架。截至2017年底，我国31个省（区、市）共有职业教育学校12059所（高职院校为1388所，中等职业教育学校为10671所），教职工总数为1749233人（高职院校为669521人，中等职业教育学校为1749233人），专任教师数合计1321266人（高职院校为482070人，中等职业教育学校为839196人），招生人数共计8815267人（高职院校为2990964人，中等职业教育学校为5824303人），在校生人数合计25171511人（高职院校为9246543人，中等职业教育学校为15924968人），详情见表1和图1。

① Acemoglu, D., & Pischke, J. S. (1999). Beyond Becker: Training in Imperfect Labour Markets. The Economic Journal, 109 (453): 112 - 142.

② ［美］凯瑟琳·西伦．制度是如何演化的：德国、英国、美国和日本的技能政治经济学［M］．王星，译．上海：上海人民出版社，2010.

③ 李福生，段海禹，白杨，刘熠．新时代完善农民工技能形成体系研究——基于工会院校视角［J］．中国劳动，2018，21（9）：47 - 58.

表 1　**2017 年我国职业教育学校基本情况**　单位：人

项目	学校	教职工	专任教师	招生	在校生
高等职业院校	1388	669521	482070	2990964	9246543
中等职业院校	10671	1079712	839196	5824303	15924968
合计	12059	1749233	1321266	8815267	25171511

资料来源：教育部网站。

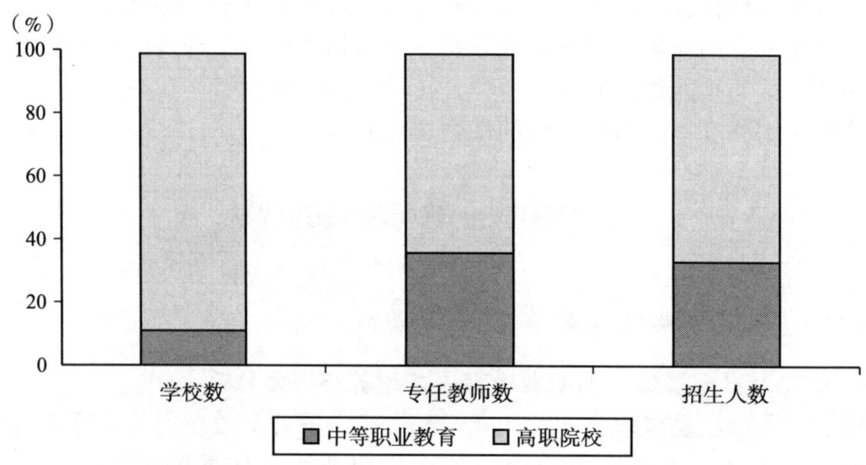

图 1　我国高等职业院校与中等职业教育学校相关指标对比

资料来源：笔者根据《中国教育统计年鉴 2018》整理。

2. 职业教育法律、法规和制度标准体系进一步完善

进入 21 世纪后，特别是党的十八大以来，我国不断加大职业教育相关法律建设，逐渐形成了一整套职业教育法律、法规和制度标准体系，为职业教育助推产业转型升级提供了法律保障。在职业教育法律、法规方面，我国基本形成了以《中华人民共和国职业教育法》为基础和引领，以《中华人民共和国教育法》《中华人民共和国劳动法》《中华人民共和国就业促进法》等相关法律为补充，以相关行政法规、地方法规为配套的职业教育制度框架（见表 2）。此外，我国还相继出台了职业学校设置标准、教师专业标准、校长专业标准等，基本涵盖了招生、教学、师资、管理、投入、学生资助、行业企业参与等多个方面，依法治教、规范办学、灵活开放的职业教育办学格局日趋完善。党的十八大以来，我国先后制定并公布了 410 个高职专业、230 个中职专业教学标准，推进职业教育课程体系建设和教学改革。此外，我国还公布了修订后的 747 个高职（专科）专业目录，制定了首批涉及 30 个专业（类）的 70 个《职

业学校专业（类）顶岗实习标准》。目前，我国职业教育法律、法规、政策标准体系基本建立，依法治教、规范办学的体制机制日益健全完善。

表 2　　我国职业教育制度框架

根本大法	《中华人民共和国宪法》
基本法律	《中华人民共和国教育法》《中华人民共和国劳动法》
相关法律	《中华人民共和国职业教育法》《中华人民共和国高等教育法》《中华人民共和国教师法》《中华人民共和国民办教育促进法》《中华人民共和国就业促进法》等
行政法规	《教学成果奖励条例》《普通高等学校设置暂行条例》《扫除文盲工作条例》《中华人民共和国民办教育促进法实施细则》《中外合作办学条例》《关于进一步加强高技能人才工作的意见》《国务院关于加快发展现代职业教育的决定》《国家职业教育改革实施方案》等
标准与规范	中等职业学校设置标准、教师专业标准、校长专业标准、高职生均拨款制度、专业仪器装备规范、数字标准建设标准等
部门规章和地方性法规等	

资料来源：根据相关资料整理。

3. 专业设置不断适应产业发展需要

近年来，我国根据经济社会发展和产业转型升级的需要对职业教育的专业设置进行调整，逐渐形成了与产业发展要求相适应的职业教育专业设置动态调整机制。2010 年，教育部按照经济社会发展和产业发展的需求，组织力量对中等职业学校目录进行了调整和修订。之后，我国中等职业学校的专业类由 13 个增加到 19 个，专业数由原来的 270 个增加到 321 个，专业（技能）方向由原来的 470 个增加到 920 个。2015 年，教育部印发新修订的《普通高等学校高等职业教育（专科）专业目录（2015 年）》，主要根据产业分类进行专业划分，第一产业主要涉及农林牧渔大类，设专业 51 个；第二产业涉及资源环境与安全、能源动力与材料等 8 个专业大类，设专业 295 个；第三产业涉及交通运输、电子信息等 11 个专业大类，设专业 401 个。三大产业相关专业数比例为 6. 8∶39. 4∶53. 8，更加符合我国产业结构调整要求。从目前职业学校专业设置的现状来看，上述比例与当前我国国内生产总值比例基本吻合，更加适应现代产业发展的新要求，更契合高职教育人才培养目标定位，有助于强化促进学生就业的导向，便于技术技能人才的系统培养，专业设置动态调整机制趋于完善。①

4. 职业教育产教融合、校企合作取得重点突破

产教融合、校企合作是我国促进职业教育发展、加强创新型人才和技术技能人才培养的一项重要方针，更是推进我国人力资源供给侧结构性改革的迫切要求。2010～2017 年，由教育部牵头，在相关部委的推动下，共建了 12 个国家职业教育改革试验区，成立了 62 个职业教育的行业指导委员会，统筹推动举办了几十次职业教育与行业对话的活动，指导组建了职业教育校企一体化办学联盟等协作组织，每年举办我国 31 个省（区、市）职业院校技能大赛。在产教融合推进过程中，我国着力尝试多种形式的校企合作，大力推进集团化办学，力争将产教融合落在实处，深化校企合作。2014 年，确定 165 家单位作为首批现代学徒制试点单位和牵头单位，通过试点，推动探索建立中国特色的现代学徒制。2015 年，我国 31 个省（区、市）共有职业教育集团 1048 个，覆盖 100 多个行业部门、近 3 万家企业、700 多个科研机构和 70% 以上的中职校、90% 以上的高职校。2017 年，建成约 1300 个职教集团，开展产教对话会上百多场次，遴选现代学徒试点单位共 165 个。

5. 职业教育质量保障体系进一步完善

建立、健全职业教育内外部质量评价体系既是保障职业教育质量的重要手段，也是构建职业教育体系的重要内容。2015 年，教育部颁布了《高等职业教育创新发展行动计划（2015～2018 年）》，提出“完善质量保障机制”“逐步形成政府依法履职、院校自主保证、社会广泛参与，教育内部保证与教育外部评价协调配套的现代职业教育质量保障机制”，是对新时期高职质量保障制度建设的顶层设计，也是对多元主体参与、内外部协调的质量保障新格局作出的系统规划。同年，教育部印发《关于建立职业院校教学工作诊断与改进制度的通知》和《高等职业院校内部质量保证体系诊断与改进指导方案（试行）》，要求进一步完善职业教育内部质量保证制度体系和运行机制，强化职业院校落实第一质量主体责任。2016 年，国务院教育督导委员会办公室印发《中等职业学校办学能力评估暂行办法》《高等职业院校适应社会需求能力评估暂行办法》，强调委托第三方机构基于学校相关数据信息和省级评估报告，运用测量工具进行分析评估，形成国家评估报告。国家、省级、学校三级高等职业教育质量年度报告发布体系俨然已经形成。

① 平和光，李孝更．党的十八大以来中国特色现代职业教育体系建设报告［J］．职业技术教育，2017，38（24）：37－44.

（二）我国职业技能培训的发展现状

1. 职业技能培训体系已基本建立

近年来，我国加大对于职业培训领域经费投入力度，已基本建立了由职业学校（含技工学校）、就业训练中心、公共实训基地、企业岗位技能培训、社会培训机构等构成的职业技能培训体系，基本具备了大规模培训产业工人的能力。据统计，2013～2017年，我国31个省（区、市）共开展政府补贴职业技能培训1.14亿人次。2017年，政府补贴性职业培训达到1690万人次，其中就业技能培训897万人次，岗位技能提升培训542万人次，创业培训219万人次，其他培训32万人次，204万建档立卡贫困人员接受了职业培训。①

2. 职业技能培训类型和培训载体不断丰富

近年来，包括就业技能培训、岗位技能提升培训、创业培训等不同类型的各类培训项目不断丰富，培训方式日益多样化，满足被培训者差异化需求的能力不断提升。此外，培训载体日益多元化，国家坚持公办和民办培训机构并举，目前已形成了以企业为主体、职业院校为基础、社会多方参与的大培训格局。②

3. 职业技能培训质量不断提升

近年来，国家对于职业院校和其他各类职业技能培训机构的投入不断加大，各类培训机构软硬件配备水平不断提升，职业技能培训管理制度也日益规范化。随着包括订单式培训、定岗培训、定向培训等多种培训形式的不断推广，校企合作办学、工学一体课程教学改革、职业培训包教学、企业新型学徒制等新制度的加速试点，培训内容的时效性、针对性不断提升，培训质量不断提升，职业技能培训对于提升产业工人技能水平的带动作用得到更好地发挥。

（三）我国统筹发展职业学校教育和职业技能培训的现状

1. 通过现代学徒制搭建职业学历教育与非学历教育的“立交桥”

针对我国现代职业教育体系中学历教育与非学历教育“双轨制”存在的弊端，《国务院关于加快发展现代职业教育的决定》提出，要“开展校企联合招生、联合培养的现代学徒制试点，完善支持政策，推进校企一体化育人”。2014年8月，教育部印发了《教育部关于开展现代学徒制试点工作的意见》，提出以“实现专业设置与产业需求对接，课程内容与职业标准对接，教学过程

---

① 于浩．我国将构建终身职业技能培训体系［EB］．搜狐网：https：//www.sohu.com/a/229238471_118392.

② 郭晓勋，刘立民．健全职工职业技能培训体系及机制研究［J］．中国劳动关系学院学报，2015，29（1）：59－63.

与生产过程对接，毕业证书与职业资格证书对接，职业教育与终身学习对接”为目标，加快推进现代学徒制试点工作。2014 年以来，教育部先后公布了第一批（100 所）、第二批（154 所）和第三批（140 所）现代学徒制试点高职院校。根据教育部职业教育与成人教育司公布的现代学徒制第一批试点验收结果，有 124 家试点单位通过验收，32 家暂缓通过验收，3 家不通过验收，2 家延期验收。从各地的试点实践来看，各地在坚持“校企育人‘双重主体’，学生学徒‘双重身份’”基础上，推动辖区职业院校开展探索，建立了学校、企业和学生三双权利义务明晰的关系，有力地推进技术技能人才供给侧和产业需求侧在结构、质量、水平上的同频共振，促进了地方教育链、人才链与产业链、创新链的有机链接，对新形势下全面提高教育质量、扩大就业创业、推进经济转型升级、培养经济发展新却能起到了积极的促进作用。[①]

2. 通过企业新型学徒制完善企校合作的人才培养模式

2015 年 8 月，人力资源社会保障部、财政部共同印发了《关于开展企业新型学徒制试点工作的通知》，制定了《企业新型学徒制试点工作方案》。企业新型学徒制旨在引导企业建立技能人才工作新机制，通过在企业推行以“招工即招生、入企即入校、企校双师联合培养”为主要内容的企业新型学徒制，组织企业新招用人员和新转岗人员参加新型学徒培训。目前，人力资源社会保障部已经确定在北京等 12 个省（区、市）开展企业新型学徒制试点工作，每个省（区、市）选择 3 ~5 家具备相应条件的大中型企业作为试点单位，每家企业选拔 100 人左右参加学徒制培训。2018 年 11 月，人力资源社会保障部、财政部共同印发了《关于全面推行企业新型学徒制的意见》（以下简称《意见》），部署全面推进企业新型学徒制工作。《意见》明确的目标任务是：从 2018 年至 2020 年底，力争 50 万人以上的企业新型学徒，努力形成政府激励推动、企业加大投入、培训机构积极参与、劳动者踊跃参加的职业技能培训新格局；2021 年起，继续加大工作力度，力争培训学徒约 50 万人。

三、我国职业教育发展存在的问题

（一）我国职业学校教育发展存在的问题

1. 职业学校教育发展与产业结构相脱节

我国职业教育在专业设置和培养模式上，都呈现出明显的“政府主导”

① 赵鹏飞．教育部现代学徒制试点的地方实践［J］．中国职业技术教育，2018（13）：29.

特征，学校的自主权较小，产业、行业以及其他社会主体参与的机会更少。这种缺乏灵活性的体制无法及时、准确地反映社会需求的最新变化，无法及时、有效地做出正确的调整，无法最大限度地促进毕业生与经济社会发展需求相适应。这就导致职业学校一方面向劳动力市场源源不断地输送越来越多的毕业生，另一方面却跟不上产业转型升级对大规模培养应用型技能人才的迫切需要。[①] 由于所学非所用、所学脱离实际，导致企业再培训成本高昂，部分企业不愿意接受职业学校毕业生。

2. 职业学校教育社会吸引力不强、入学率较低

尽管近年来，我国职业教育发展较快，职业学校毕业生就业状况良好。但和欧、美发达国家相比较，仍然比较落后。目前，欧盟有半数以上的国家中职教育比例达到50%以上。如德国的青少年读完中学后，大部分人接受“双元制”职业培训。近年来，我国受经济结构调整、高校扩招和职业教育自身吸引力不强的影响，加之许多地方传统落后观念等原因，进入职业学校的学生数量明显减少，职业学校招生数连续减少，同时生源质量也有所降低，有的学校报到率甚至不足六成。统计数据显示，2010 年以来我国技工学校数量、招生人数和在校生数量均呈下降趋势，一面是对于产业工人尤其是高技术工人的需求不断增长，另一方面则是不断萎缩的供给（见表3）。

表3　　2010～2016 年我国 31 个省（区、市）技工学校基本情况

年份	技工学校（所）	招生数（万人）	在校生数（万人）
2010	2998	158.6	421.0
2011	2914	163.5	429.4
2012	2892	156.8	422.8
2013	2882	133.5	386.6
2014	2818	124.4	339.0
2015	2545	121.4	321.5
2016	2526	127.2	323.2

资料来源：笔者根据《中国劳动统计年鉴（2017）》整理。

3. 职业学校教育发展具有明显的不平衡性

尽管职业教育区域分布不均衡的现象在世界各国都或多或少地存在，但这一现象在我国尤其明显。相比较来说，东部地区的职业学校数量比中部地区和

① 张车．解决大学生就业难需建立长效机制［J］．中国经贸导刊，2009（5）：6.

西部地区都要多，职业教育经费也相对更为充足，学校规模和师资力量也相对更好。此外，我国农村和西部地区职业教育的基础本来就薄弱，如我国每万人口中普通中专和职业高中平均在校生，东部地区为 115 人，西部地区仅为 58 人；西部地区职校生均预算内教育经费还不到东部地区的一半，办学条件与东部地区的差距更大。①

4. 职业学校教育与义务教育、普通高中教育、普通高等教育之间的沟通和衔接不畅

在很长一段时期内，我国的职业教育体系与其他教育体系之间是割裂的，相互之间缺乏沟通与衔接。随着经济社会的不断发展，这种状况所导致的问题日益凸显，不仅限制了职业教育的发展，影响了职业教育在经济建设中作用的发挥，也不利于我国整体教育发展和国民教育水平的提升。

（二）我国职业技能培训发展存在的问题

1. 职业技能培训工作远远落后于现实需要

我国许多行业职业技能培训跟不上企业的需求滞后于企业的发展，这已经成为影响我国企业发展、产业升级和经济社会发展的重要因素。在实践中，企业因力不从心或不够重视，而政府抓培训的工作力量还不够强，再加上培训总体投入不足，导致培训的规模、效果远远满足不了我国经济结构调整、产业升级对产业工人和高技能人才的需求。作为职业技能培训工作的重要载体，很多企业缺乏前瞻性、开拓性，为了节省自身的生产成本，往往对职业技能培训工作不够重视，也担心职业技能培训后员工跳槽，没有从长远的角度看待技能培训与企业效益之间的关系。

2. 职业技能培训质量效益不高

现阶段对于职业培训普遍存在较为明显的认识误区和制度缺陷，制约了职业技能培训就业效应的发挥。主要表现为：一方面，对职业培训的对象认识过于片面，通常将培训对象锁定为技术工人和未就业的劳动者；另一方面，对职业培训内容的认识过于单一和功利，基本定位在市场急需的劳动岗位所需要的劳动技能。涉及这些培训内容的培训极为火爆，而对行业和职业持续或长远发展需要的劳动技能培训却极为冷淡。此外，重数量轻质量、重知识轻技能、重共性轻个性等问题普遍存在，导致职业培训质量和效果不佳。

3. 培训机构的高门槛与培训市场混乱并存

一方面，由于准入门槛高，对职业培训机构的认定过于苛刻，仅职业院

① 刘春玲. 中国职业教育的发展现状剖析［J］. 长春师范学院学报：自然科学版，2011，30（6）：155 - 156.

校、职业技能培训机构和用人单位三类机构可从事职业培训，其他单位和个人不得向社会开展营利性的培训活动，这一规定阻碍了多元化培训机构的发展进程。另一方面，职业培训制度缺乏专门的法律和统一的制度。目前的相关政策都是在《中华人民共和国劳动法》《中华人民共和国职业教育法》和《中华人民共和国就业促进法》等法律和一些文件中零散地出现，缺乏整合，导致用人单位对劳动者的职业培训可有可无，职业培训机构各自为政，官办性强而市场生存力弱，劳动者职业培训机会缺失，培训效益差。

4. 职业技能培训能力建设仍然相对滞后

与发达国家相比，我国职业教育和技能培训领域的公共支出强度较低。职业技能培训的师资队伍建设相对薄弱，特别是既具备较高的教学水平、又具备较强技能水平的“双师型”教师严重缺乏。[①] 此外，多头管理仍然存在，资源整合能力不强，劳动力教育培训的主管部门，包括教育、劳动、农业等，政出多门，资源分散，重复建设，效率偏低。劳动部门的培训覆盖面较广，但培训目录调整不及时，满足基层培训需求的针对性也有待提高。这些问题的存在影响了我国职业技能培训的水平，导致培训能力相对滞后。

（三）我国统筹发展职业学校教育和职业培训存在的问题

1. 对于职业教育和职业培训概念理解存在分歧，影响了职业学校教育和职业培训的统筹发展

关于职业教育和职业培训的内涵、外延和各自的合理边界，目前，理论界和实务界仍然存在一定的争议。有观点认为，职业教育包含了职业培训，要一管到底；也有观点认为，职业教育不能包含职业培训，前者特指职业学校教育，因此两者应该平行并举。[②] 此外，在实际运行过程中，仍然存在很多类似的、新的、语义边界模糊的新概念，如建设现代职业教育体系和构建终身培训体系，发展继续教育、终身学习和终身培训，推进新型学徒制与推行现代学徒制，发展职业教育和发展技工教育等。上述分歧影响了职业学校教育和职业培训的深度融合和统筹发展。

2. 实现职业学校教育和职业培训的统筹发展尚需克服较多的管理体制机制障碍

目前，职业学校教育和职业培训主管部门职能转变程度落后于实际需要，管理体制存在缺陷，部门职责既交叉又分散、政策既脱节又重叠，主管教育的

---

① 徐瑛，杨东辉．高职院校“双师型”教师队伍建设刍议［J］．北方经贸，2012（5）：186－187.

② 李玉斌．新的使命和担当——《新时期产业工人队伍建设改革方案》解读［M］．北京：中国工人出版社，2017.

又管培训，主管培训的又办教育；学历与非学历教育不能互通，学历证书与职业资格证书不能互认。这些问题的存在影响了企业主体责任的有效调度，导致社会资源缺乏整合，最终影响了全社会技能供给效能水平的有效发挥。① 统筹发展职业学校教育和职业培训的一个重要突破口，就在于通过体制机制调整和变革，为未来学历与非学历教育纵向衔接连通、横向互通互认打下制度性基础。

3. 职业学校教育和职业培训各自仍然存在的问题也对实现两者融合发展不利

我国现行的以职业学校教育为主的职业教育体系，在办学模式、课程设置、教学内容、教学方法等方面并不适应市场变化的需要，职业教育的职业导向功能不强，对社会经济发展的需要反应迟钝，产业发展与职业教育之间也缺乏良性互动机制，这一现状本身也不利于学生就业能力的培养，导致许多学生从职业学校毕业后存在找工作难的问题。与职业学校教育不同，我国的职业培训明显存在与经济发展脱节的问题，在形式上还处于零散状态，还未形成一个体系，也影响了职业培训功能的有效发挥。② 职业学校教育和职业培训各自存在的这些问题也在一定程度上对实现两者融合发展不利，未来需要针对各自存在的问题出台有针对性的相关举措。

四、发达国家助推产业转型升级的职业教育发展经验

（一）发达国家助推产业转型升级的职业学校教育发展经验

1. 形成高效运作的职业学校教育产学研合作机制

（1）建立和健全相关法律、法规。健全的职业教育法律、法规是西方发达国家职业教育产学研合作得以迅猛发展的最大保障。目前，美国是产、学、研合作创新立法最完善的国家。早在 1862 年，美国就颁布了第一个职业教育法规《莫里尔法案》。此后，美国相继颁布了许多与职业教育有关的重要法案，比如《哈奇法案》（1887）、《史密斯—莱沃法》（1914）、《史密斯·休斯法案》（1917）、《国防教育职业教育法案》（1940）、《职业教育法案》（1946）、《学校与就业机会法》（1994）等。除此之外，美国各州还针对本州职业教育的发展情况制定相应的法律和法规。德国“双元制”职业教育模式

① 李玉斌．新的使命和担当——《新时期产业工人队伍建设改革方案》解读［M］．北京：中国工人出版社，2017.

② 朱新生，杨海华．论职业学校教育与职业培训的并举与融合［J］．职教论坛，2011（25）：85－87.

的形成和发展与其健全的职业教育法律体系密不可分。迄今为止，德国职业教育领域重要的法律包括《职业教育法》（1969 年颁布，1981 年修订为《职业教育促进法》）、《手工业法》（1965）、《青年劳动保护法》（1960）、《企业基本法》（1972）、《实训教师资格法》（1972）。除此之外，德国各州还有许多配套的法律和法规。

职业教育法律体系的建立和完善为发达国家职业教育产、学、研合作提供了前提和保障，原因在于：健全的法律体系能够明确界定职业教育领域学校、政府、企业、个人四者之间的权利义务关系。根据现代制度经济学理论，清晰界定交易主体的权利与义务为交易双方的交易行为提供了便利，从而降低交易成本。比如，企业照章纳税缴纳支持职业教育发展的税费，政府按不同办学质量等级向学校提供经费支持，社会中介机构对各类学校的办学效果进行评价，个人选择学校接受职业教育，企业聘用职业学校毕业生等。由于法律对各方的责、权、利进行了明确规定，从而极大地降低了职业教育产、学、研合作的成本。

（2）政府的大力支持。政府的大力支持是发达国家职业教育产、学、研合作得以迅速发展的重要原因。长期以来，西方发达国家逐渐清晰地认识到职业教育对地区经济社会发展和解决地区就业问题的重要作用，因此，对职业教育发展的经费投入一直呈上升趋势。比如，加拿大各省政府将辖区内的社区学院纳入管辖范围，通过政府拨款的形式为其提供 80% 的办学经费。也就是说，该国社区学院平均每个学生每年可以获得的政府经费达到 8000 ~ 10000 加元，这还不包括基建费和设备费。此外，加拿大政府还对边远地区的职业学校进行专项补助，从而使来自贫困家庭的学生能够顺利完成学业。美国从 1991 年开始实施《帕金斯职业和应用技术教育法案》，该法案规定：联邦政府每年向州政府和地方培训计划投资 16 亿美元，这些资金以专项补助形式分配，同时要求地方至少按 1∶3 的比例给予配套经费，也规定要把 9.4 亿美元用于资助处于不利地位的群体接受职业教育。

（3）建立科学的办学质量监管体系。科学的办学质量监管体系是发达国家职业教育产、学、研结合得以良性发展的一个重要因素。在这方面，美国的做法最为典型。在质量保证方面，美国高职教育主要依靠学院自我约束、社会中介机构和市场的引导（主要表现为鉴定、监督和评估）和国家政府调控（主要表现为评估和引导）。此外，美国还建立了职业教育发展的社会督导系统。通过这一系统，美国的各种专业组织、新闻媒体、社会团体、用人单位、学生家长等可以参与到职业教育领域中，从而更好地促进职业教育的产、学、研合作和应用型人才的培养。在美国，社会对职业院校人才的评价对学生的择校行为和政府的财政支持产生重大影响，尤其是一些独立的社会中介机构对学校办学调查情况的公布，往往会直接影响学校未来的发展。

（4）明确企业的义务、地位和作用。明晰企业在职业教育产、学、研合作中的义务、地位和作用也是发达国家职业教育取得较好发展的重要原因。比如，德国“双元制”职业教育产、学、研合作模式就是国家通过法律的形式对企业在职业教育中的作用和地位进行的明确规定，从而使企业有义务参与职业教育。同时，企业在参与过程中受益，这又促使企业更有参与其中的动力。结果，学生一方面能得到最符合企业需求的培养；另一方面能学到当前经济领域的最尖端技术，而学校也获得了实践经验丰富的“双师型”教师。德国“双元制”模式的开展与其政府的积极干预以及干预的制度化密切相关。政府促使企业参与职业教育，并在这一过程中既有压力、又有动力地完成自己担负的职责。

（5）树立正确的观念。长期以来，发达国家职业教育发展始终没有偏离产、学、研合作的教育理念。无论是美国的社区学院、德国的高等专科学校与职业学院、英国的多科技术学院，还是日本的短期大学与高等专门学院、澳大利亚的职业技术学院（TAFE），这些职业教育学院在建设和发展的过程中都牢牢地贯彻了产学结合、学研结合、产研结合的思想。此外，发达国家产业经济发展的过程中普遍存在的“实用主义”哲学理念，对其职业教育体系的建立和发展产生不可估量的影响。同时，国家对职业教育的重视、毕业生的高就业率也是影响民众对职业学院和高职毕业生的看法。许多发达国家的民众并不会像大多数发展中国家的国民那样，认为高职毕业生比其他高校毕业生低人一等。

（6）建立以能力培养为核心的、多样化的合作模式。在发展本国的职业教育时，发达国家往往以培养学生的能力为核心，以产、学、研合作的市场需求为导向进行课程开发，其中，以加拿大以能力为基础的体系（CBE）中一种职业技能教育课程开发模式（developing a curriculum，DACUM）和澳大利亚的TAFE 模式最为典型。同时，不同国家在课程开发与企业实践之间的合作也实现了多样化。例如，美国的社区学院在具体培养学生实用技术的过程中与企业的合作就有以下四种形式：一是工读转换制，即同一专业同一年级的学生分成两部分，一部分在校学习，另一部分去企业劳动或接受实训，按学期或学季转换；二是半工半读制，即学生每天部分时间上课，部分时间劳动；三是劳动实习制，即学生定期到校外企业劳动实习，一般每学年一次；四是顶班劳动、工余上课制（学生满负荷劳动，利用业余时间学习）。

2. 建立基于校企合作的现代职业学校制度

（1）企业深度参与职业学校办学实践。近年来，改革办学主体和改革教育方式是国外推进职业教育校企合作改革的两种主要模式。在办学主体改革方面，根据企业在校企合作中的地位和作用，我们可以把国外的职业教育办学模式分为以下两种模式。

一是以企业为主体的职业教育办学模式。以德国的“双元制”、英国的“现代学徒制度”等为代表的职业教育，是一种变“职业教育完全由学校承担”为“以企业为主，学院为辅”的改革模式。在德国，接受“双元制”培训的学生首先自己或者通过劳动局的职业介绍中心选择一家企业，按照有关法律的规定同企业签订培训合同，得到一个培训位置，然后再到相关的职业学院登记取得接受理论学习的资格。只有这样，他才能成为“双元制”职业教育模式下的学生。在这种情况下，他就具备了双重身份：在企业是学徒工，在学院是学生。他有两个学习受训地点，即企业和职业学院，而培训时间为企业70%，职业学校30%。在英国的现代学徒制度中，学生的整个学徒期一般持续4~5年，其中第一年在继续教育学院或“产业训练委员会”的训练中心学习，在以后的几年中，培训主要在企业内进行，学徒工可以利用企业学习日每周一天或两个半天带薪去继续教育学院学习，也可以去继续教育学院学习一些“阶段性脱产学习”的部分时间制课程。在学徒工完成整个学徒训练计划，并顺利通过相关考核之后，才能获得相应的职业资格证书。

二是以学校为主体的职业教育办学模式。与德国的“双元制”、英国的“现代学徒制度”不同，新加坡的“教学工厂”、澳大利亚的“TAFE”等为代表的职业教育是一种“以学院办学为主，企业参与”的改革模式。新加坡的“教学工厂”职业教育办学模式把教学和工厂紧密结合起来，使学校按照工厂的模式办学，给学生一个工厂的生产环境，让学生在生产过程中学到实际知识和技能。同时，通过参与产品的设计和加工过程，学生的学习积极性和创新能力得到有效提升。澳大利亚的“TAFE”教学模式的课堂教学以实践为主、理论为辅，大部分职业培训都是以现场教学代替课堂教学，学生学习的过程就是实践的过程。在这种教学模式中，无论是理论课还是实践课，课堂教学模式都以学生为主体，以实践为主线，以提高实际能力为目标。“TAFE”的课程、教学内容、培训专业都是学院与企业代表地方经济、社会需求、行业需要等设置的，这给职业学院以极大的灵活性和自主性。同时，其学制和学习时间也采用了灵活机动的方式，给学员接受职业培训带来了极大的便利。

（2）以工学交替为主要形式。在大多数国家的现代学徒制中，企业的培训与工作是主要部分，时间约占整个学徒制的60%~80%。目前，工学交替是国外现代学徒制中校企合作的主要形式，通常采取日释或期释的方式。所谓日释，就是每周1~2天在学校，其余时间在企业，德国、瑞士、比利时多采用这种方式。期释是每隔若干周在学校与企业间轮换一次，比如法国通常是

2～3周在企业，然后交替一周在学徒培训中心；丹麦的学校教育以5～10周为一个周期组织，每学年与企业培训轮替1～3次。在工学交替这种制度安排下，学校的教学是配合企业培训的，因此学校要与企业保持密切的联系，通常由固定的联系人跟踪学徒在企业的学习与工作。学校内部的教学组织方式通常有三种做法：一是如果同个专业的学徒人数足够多，就单独开班教学；二是如果同个专业的学徒数量不足，就与相关专业的学徒合并成班；三是如果某大企业的学徒非常多，就为这个企业的学徒单独成班。

（3）政府在促进校企合作中发挥重要作用。为充分发挥职业学校和企业的优势资源，许多发达国家的政府非常注重对社会教育资源的整合，加强对资源双方的协调。例如，在澳大利亚的“TAFE”职业教育模式中，通过政府的引导和管理，职业学校与企业之间实现了学生、教师、培训基地以及硬件设施等的资源共享，最大限度地对资源进行利用，促进学生的发展；在日本的职业教育体制中，政府在校企合作中发挥了主导作用，企业和职业学校是校企合作的主体，从而形成了政府、企业、职业学校等多方参与的多元化职业技能人才培养机制。德国的职业教育是以政府为主导，在国家立法支持下，由政府统筹管理实施的。无论是“现代学徒制”，还是“双元制”，德国政府都发挥了关键性的作用。例如，德国政府颁布了包括《职业教育法》《高职教育促进法》《成人教育法》《改进培训场所法》等一系列法律、法规，对职业教育进行了深度干预和具体指导。在这些法律、法规中，德国政府规定了学校和企业在校企合作中各自应承担的责任和义务，保障了德国职业教育由企业、职业学校和行业主管部门共同参与实施，从而保证德国校企合作机制的良性发展。

（4）形成多元化的校企合作经费保障机制。一般而言，充足的经费是校企合作得以顺利推进的基本保障。对此，许多国家形成了具有本国特色的、多元化的校企合作经费保障机制。例如，德国的职业教育经费保障机制是由公共财政和私营企业共同资助的一个多元体系，主要由企业直接资助、企业外集资资助、混合经费资助、国家资助和个人资助等组成，其中，企业直接资助是主要经费来源，主要用于建立职业培训中心、购置培训设备，并承担实训教师的工资和学徒的培训津贴。为促进职业教育的健康发展，新加坡政府设立了技能发展基金，按企业工资总额的1%收取，主要用于对职工进行职业技能培训，同时，政府对进入工艺学校的学生每年每人补贴1万～2万新元，并按每名学生每年800新元的标准为发展基金注资，用于实习实训设备的添置。在美国的“合作教育”模式中，社区学院的办学经费主要来自该社区的税收，约占一半，其余部分来自学生学费和州政府的拨款，同时社区内的企业、各界人士捐款捐物赞助社区学院，企业还通过委托学院培训职工、选送学生等形式向学校支付学费。

3. 建立以工学结合为核心的人才培养制度

(1) 德国的“双元制”人才培养模式。德国“双元制”职业教育人才培养模式是经历了一个漫长的过程才逐渐建立和完善起来的，它起源于中世纪的手工业行会。“双元制”人才培养模式强调企业与职业学校合作开展职业教育。在校企合作中，企业占主导和核心地位，学校教育居于辅助地位，学生在企业和学校的一般时间比为3∶2或4∶1。企业与职业学校成为两个教育主体，企业着重进行实际操作技能的训练，学校着重理论知识的传授。德国“双元制”职业教育人才培养模式具有以下四项基本特征。

一是学习者既是学徒又是学生。在德国的“双元制”职业教育体制中，学习者一方面作为学徒在企业内接受职业技能和相应的知识培训，另一方面作为学生在职业学校里接受专业理论和文化知识的学习。学习者必须同企业签订培训合同，首先成为企业的学徒，然后才能成为职业学校的学生。在“双元制”培养模式中，企业和学校都是教育主体。

二是为校企合作培养人才提供法律保障。为了保障“双元制”职业教育人才培养模式的顺利实施，德国制订了一系列的法律、法规，无论是企业还是学校，其办学都有法律保障。“双元制”职业教育体制受两种法律制度的制约和支撑，即职业教育法与学校法。具体而言，企业里的培训主要遵守联邦制定的职业教育法，属于联邦管辖；职业学校的教学主要遵守各州制定的学校法规，由各州负责。

三是教学管理严格规范。德国的双元制教学模式无论是教学、实验和实训，还是企业培训，均有严密而完整的教学目标、计划、教材、设置和师资配置等。考试由实践技能考试和专业理论知识考试组成，考试合格才能获得技术工人或技术员的资格。

四是具有明确的以企业为主的培训目标。以企业为主的培训目标更符合企业的需要，学生的学徒身份让他们更能体验真实的生产环境，更加接近实践，更易于了解未来的工作技术要求。在双元制职业教育中，企业提供多少培训岗位，什么样的职业工种有培训岗位，这不由国家政府所决定，而是取决于经济结构、市场需要以及各个企业的发展战略。企业培训、就业和学校教育保持一致和平衡。德国双元制培训体系的运行中，企业和学校具有充分的自主权，他们可以根据市场的变化来调整培训的内容和教育课程。

(2) 美国的“协作式”人才培养模式。美国“协作式”职业教育人才培养模式的本质就是“教学—科研—生产”型模式，首先是由美国斯坦福大学副校长特曼提出来的。这种模式不仅强调大学是求知的场所，更是对经济社会的发展发挥重要推动作用。“协作式”人才培养模式主要有以下三项基本特征。

第一项是分层次培养、注重职业技能。“协作式”人才培养模式的基本目标是培养符合企业需求的合格人才，最高目标是培养某个领域里的“顶级”职业专家，而且从基本目标到高级目标是分层次的，分别是学士、硕士和博士，主要以培养硕士为主。与一般职业教育不同，美国职业院校的硕士学位不仅强调职业理论知识系统学习，而且更加塑造学生完善的职业素养和职业技能；例如，学生的交往沟通能力、职业态度和职业道德等。

第二项是校企联合培养、双导师制度。“协作式”人才培养模式的核心是校企联合培养人才，但是在人才培养计划的制订、实施、考核中则以企业对人才种类和质量要求为基准，主要体现在专业的设置、课程的设置、教学形式、实习环节等各个方面。在课程设置上，分理论课学习和实践课学习，理论课程的完成主要在学校，需要1~2年的时间，主要开设的是专业课，分别是必修课和选修课两个部分，主要目的是拓展学生必备的职业理论基础、学习方法和职业素质，学习内容与毕业后就业意向的业务需要紧密联系，主要是案例教学，通过大量企业的具体案例，让学生更早、更快、更深入地融入以后从事的工作中。接着就是2年的实践课，与毕业生从事的职业直接相关。因此，在实际的企业实践中，主要是应用型研究培训及有辅导的职业实践。在教学指导中，“协作式”人才培养模式采取的是“双导师”制，即指导学生的老师有两种类型：兼职老师和全职老师。兼职老师大多是一流的职业专家，在职业技能、实践经验上都有很高的造诣，负责学生课程论文及职业实践等；全职导师负责学生的理论课程学习、提供学习方法及思想教育等。

第三项是定量设定标准、定性考核质量。“协作式”人才培养模式对教学评价非常严格，学生的考核分为课程成绩评定和综合成绩评定。课程评定分为四个等次，即优、良、及格和不及格，如果出现8门不及格，称之为“触网”，触网的只有很少一部分学生能进入二年级的学习。综合评定是学位授予的主要依据，不同的学校有不同的授予标准。美国教育部门规定，“协作式”人才培养模式准许毕业的三个基本条件：一是在攻读学位前，必须拥有至少两年的相关职业经历；二是必须接受职前准备和职业学习在内的6年全日制教育；三是完成整个“协作式”人才培养项目的学习和培训计划。这是毕业生拿到相关职业资格证书必备的学术和职业技能基础，也是从事相关工作的必备条件。

（3）日本的“产学合作”人才培养模式。从历史和现状的视角来看，日本职业教育尤其是高职教育自其应用型学科创办以来，便始终将应用型人才培养视为职业教育办学的中心任务，并努力寻求和塑造有别于一般院校的培养思路和人才类型。日本“产学合作”的职业教育人才培养模式有以下四个特征。

一是强调应用型职业教育特色。20 世纪 90 年代以来，“法人化”之后的日本高专和专门学校逐渐迈向企业化运营的自主发展道路，如何在教育市场化不断强化的现实环境中持续发展，成为各高职院校面临的具有现实意义的重要问题。事实证明，保持应用型职业教育特色是突出优势、增强比较竞争力的重要手段。在 21 世纪高等教育改革的大潮中，日本高职院校进一步强化了实践性知识的传授和应用技能的训练。根据日本产业教育学会调查统计，日本高专和专门学校教育的第一位优势（应用能力、实践性专业知识和技能）分别高出本科大学 16.4% 和 18.1%；第二位优势（即战力）也超出本科大学近 6 个百分点。鉴于产业社会对于高专和专门学校教育的高度认可，两类院校的毕业生年度就业率自 2002 年起始终高出本科大学约 20%。由此可见，日本高职院校的竞争优势在于其培养的人才掌握了极强的实用性知识与应用技能。

二是突出专业及课程设置的应用性、灵活性与实践性。在日本，学科及专业设置被视为职业教育办学过程的关键环节。半个多世纪以来，日本职业教育紧密围绕地方经济社会发展以及产业结构变化调整而不断实施办学改革，形成了应用性与灵活性的内外部特征。其应用性集中体现在高专所设的工业化学、金属工学、建筑学等应用性学科及专业类型上；灵活性则表现为专门学校能够时刻依据产业及行业结构变动而适时调整专业结构，使之与产业经济协调发展，满足不同时期、不同行业对于不同领域应用型人才的需求。在课程设置方面，日本的职业教育主要突出了实用性与实践性的特点，目的在于培养学生的动手实践能力以及创造性思维。从课程的学分分配结构来看，日本职业教育的实验、实习、课题研究等有利于培养解决实际问题能力的实践性课程往往占有较大比重。

三是重视产学协作的共同教育。日本职业教育所倡导的产学协作是以充分利用校企两种不同的教育资源为目标，培养适应不同产业单位需要的应用型人才的共同教育模式。这种人才培养模式由学生、学校、企业等三个要素构成，其主体是学生。学生的企业实习成为“共同教育”中最具核心价值的教育内容。以长野工业高等专门学校的产学协作为为例，该校的学生企业实习不但学时充足（14 ~ 15 周），而且依托于技术课题实现了学生与企业之间的实践性合作研究。这种长期实务操作与课题制的有机结合，提升了学生的实践能力以及对生产一线的适应能力。产学协作的共同教育还要求产业部门与教育部门紧密合作，产业部门深度参与人才培养全过程，共同制订人才培养方案，具体表现为用人单位直接参与专业及课程设置，根据企业所需制订培养方案，定向输送符合企业要求的技能性应用型人才。

四是注重“双师型”职业教师队伍建设。日本教育界认为，“高等职业教育的发展取决于应用型人才培养，而应用型人才培养目标的实现又取决于强有力的职业教师队伍”。日本的职业教育师资建设备受政府的支持和关注，并以法律形式加以制定性保障，具体表现为《雇用——能力开发机构法（修订案）》（2002）的颁布以及“雇用—能力开发机构（职业能力开发大学、职业能力开发促进中心等）”的设立，负责推进职业训练指导员（“双师型”教师）的应用能力培训和职业技能开发。此外，日本高职院校还积极地吸纳社会及企业高级工程技术人才和高端管理人员来充实职业教师队伍，从而拓宽了师资来源渠道，解决了职业教育教师队伍工程实践经验不足等问题，为全方位、多渠道地培养技能性应用型人才创造条件。

（4）新加坡的“教学工厂”人才培养模式。“教学工厂”是新加坡借鉴德国“双元制”提出的新的人才培养模式，是一种将先进的教学设备、真实的企业环境引入学校，将现代企业的生产、经营环境融合到学校的教学活动中，形成学校、实训中心、企业“三元合一”的综合性教学模式。这种“教学工厂”人才培养模式有以下四个方面的特征。

一是专业设置以市场为导向。“教学工厂”人才培养模式下的专业完全根据市场导向进行设置。学校坚持以服务于国家经济社会发展需求、服务于产业结构调整需求、服务于企业和学生需要为宗旨，不断开发新专业。新专业的开发必须通过市场调研，根据国家、社会、企业等对技能人才的需要，做出新专业的需求报告。随后，成立由企业人员参加的专业开发小组，联手做好专业开发。

二是项目教学贯穿始终。项目教学是“教学工厂”的一大特色。企业专职项目工程师与学校的专职教师、学生合作开发项目，做到教学与项目开发有机结合，学校围绕项目开展教学。在项目开发过程中，教师与企业工程师相互合作，不断沟通，从而及时了解企业前沿技术，提高了教师自身的科研能力。对于学生而言，通过一个个项目的实施，为学生提供了一个能够接触真实企业环境的机会，使学生了解项目开发的全过程，进而培养了学生的创新意识、团队精神、创业精神以及解决实际问题的能力使学生毕业后就能够胜任工作岗位的要求。

三是师资队伍建设体现“以师为本”的理念。“教学工厂”培养出一批又一批具有“双师素质”的优秀师资队伍，这正得益于对“以师为本”理念的坚持。“教学工厂”师资队伍建设的成功得益于严格的招聘、有计划的培养与培训以及科学的考核与分配等环节。

四是注重激发学生的潜能。“教学工厂”通过灵活的课程设置、企业项目、企业实习、学生活动等激发学生的潜能。主要体现在以下四点。(1) 采用既灵活又具有弹性的模块式课程设置模式，使学生可以按照自己的能力选修课程，达到规定的学分就可以毕业。(2) 让学生入学后就可以参与企业项目研发，既使学生的知识和能力得到真实的应用和锻炼，也培养了学生的创新能力。(3) 在学校中营造真实的企业环境，将学校和企业环境合二为一，把教学与科研紧密结合，从而使学生在真实的情况中接受理论知识、进行实践训练，进而使学生在走上工作岗位后能很快适应并投入工作。(4) 借助于各类类型的社团及专业学术会议开展丰富多彩的社团活动，以培养学生的组织领导能力、团队精神、关心意识、服务意识等。

(二) 发达国家助推产业转型升级的职业技能培训发展经验

1. 建立和健全职业技能培训法律体系

从世界范围来看，各国尤其是发达国家非常注重通过出台和完善职业技能培训的法律、法规来保障产业转型升级，使职业技能培训推动产业转型升级有法可依、有章可循。例如，德国从 19 世纪 70 年代起就先后制定和出台了《职业教育法》《职业培训促进法》《劳动保护法》和《工商会法》等法律和法规，对职业技能培训的投资、机构、师资、管理、考核考试、证书发放等进行了明确的、强制性的规定，此外德国还从法律上明确了行业、企业和相关协会在职业技能培训中的主要职责，建立和完善“双元制”的职业技能培训制度；日本早在 1964 年就颁布了《职业培训法》，用法律来规范职业技能培训机构的设立和经费的使用；1963 年，美国颁布了《职业教育法》，打破了职业技能培训和行业的界限，强调公民享受平等的、高质量的职业技能培训机会，1984 年颁布的《卡尔·柏金斯职业教育法案》掀起了全民参与职业技能培训的热潮，2009 年颁布的《为明日工作之工人而准备》，提出了职业技能培训要“面向人人”以实现“人人具备高技能”的目标。通过加强职业技能培训相关法律、法规的建设和实施，发达国家以法律的形式强化并保障职业技能培训体系的完善和顺利运作，从而为推动本国产业转型升级提供强有力的技能支撑和人才保障。

2. 完善政府主导、企业和社会力量广泛参与的多元化投入机制

职业技能培训不仅是推动产业转型升级的强大动力，而且也是推动经济社会发展的重要支撑，因此，许多发达国家把职业技能培训作为政府公共服务的内容之一。作为职业技能培训的最大受益者，发达国家的政府既注重发挥自身的主导作用，同时也注重发动企业、社会各界力量的广泛参与，从而形成并不断完善政府主导、企业和社会力量广泛参与的多元化投入机制。例如，日本的职业技能培训主要由政府和各大财团提供经费，个人和企业无须承担费用；澳大利亚在 1990 年前，职业技能培训的经费全部由政府承担，但是在 1990 年以后，开始引入市场机制，但是联邦政府、州政府的拨款仍然高达 80%，而且早在 1997 年就以立法的形式规定企业按照工资总额的 2% 投资于职业教育和职业技能培训；在德国，企业、政府、学徒三方经过多次博弈，最终形成了责任共担的职业技能培训投入机制，其中企业是投资主体，承担培训津贴、设备费、管理费、社会保险费等，联邦政府通过州政府、联邦劳动局、联邦职教所等部门对跨企业培训中心提供资助，同时通过发起并资助一些促进企业培训的项目，并设立中央基金、劳资双方基金、特殊基金等，以支持企业开展职业技能培训。①

3. 建立基于实践的、科学的培训项目和课程

在产业转型升级的背景下，职业技能培训需要根据经济社会发展的趋势和产业结构调整的方向，在分析职业技能培训市场供求状况的基础上，做好相关信息的预测和分析，进而按照劳动力市场的需求，通过专家论证科学地设置职业技能培训的项目和课程。根据这一要求，许多发达国家普遍建立基于实践的、科学的培训项目和课程。例如，德国的职业技能培训项目由政府机构组织研究开发，培训内容由政府和企业根据劳动力市场的需求共同确定，实施“双元制”职教模式，实训课时占 60% ~80%；日本职业技能培训的专业设置完全根据市场需求，由培训机构与雇主协商，根据雇主用人要求合理确定，课程内容中实践环节占 60%，并把最先进的设备用于培训；澳大利亚成立了培训项目专门课程开发机构，在与行业、企业密切联系的基础上进行课程开发。②

4. 高度重视职业技能培训师资队伍建设

为适应产业转型升级的要求，需要建立一支高素质的职业技能培训教师队伍。对此，许多发达国家的职业技能培训都是以高素质高技能的师资队伍为基础，对职业技能培训教师的从业资格做出了非常严格的规定，并设有专业的职业技能培训教师培养机构。例如，德国的职业技能培训教师培养周期要经过两个阶段，即大学师范教育阶段和见习期的严格培训阶段，大学毕业生要想成为职业技能培训教师必须有 5 年以上的工作经验；日本设有专门培养教师的培训机构——日本职业能力开发大学，并对职业技能培训教师设置非常严格的标准，职业学校、技术学校和职业培训机构的教师起码要具备国立工业大学或综合大学工业学院本科毕业生甚至于硕士毕业生的水平，要求集理论讲授和实操

① 李玉姝．技能形成制度的国际比较研究［M］．北京：社会科学文献出版社，2018.

② 贺国庆，朱文富．外国职业教育通史（下卷）［M］．北京：人民教育出版社，2014.

为一体，修完规定课程和学分，同时必须经过实习才可以任职；澳大利亚自20世纪90年代以来，逐渐建立了严格的职业技能培训师资培训标准，即培训与鉴定（TTA）培训包、TTA四级证书以及专科毕业证书，包括8个能力模块和55个能力单元，其综合是使未来的或者在职的职业技能培训教师坚持以“学习者为中心”的教学理念，对从事职业技能培训的教师提出了在技能鉴定和教学活动上的具体要求，指出从事职业技能培训的教师资格标准，为职业技能培训的在职教师提供进修指南。①

5. 形成国家主导、行业协会实施的职业技能评价制度

一般而言，职业技能评价方式和职业资格认证制度是职业教育体系的核心环节，包括职业技能等级设置、评价方式、资格认证、薪酬体系和集体协商等制度安排。这些制度安排不仅会影响产业工人通过自我学习提高技能的意愿，也会影响企业投资于职业技能培训的积极性。对此，许多发达国家形成了由国家主导、行业协会负责实施的职业技能评价制度。在发达国家的职业技能评价体系中，国家的主导作用主要表现在：一是建立国家统一的职业资格标准。比如，英国政府在1986年发表的《教育与培训——共同工作的白皮书》中提出，要根据国家标准开发一种被雇主认同，同时与学历相并行的职业资格，实施国家职业资格证书制度；美国教育部和劳工部于1994年选定了22个行业，开发新的综合性行业技能考试标准，并从1996年起，陆续建立了全国统一的行业技能等级考核标准；澳大利亚政府于1995年建立了职业资格框架（AQF），并于2000年在全国范围内实施。二是加强对职业技能评价的管理。例如，英国政府成立了职业资格委员会、美国政府成立了国家职业技能标准委员会对职业技能评价进行管理。②

（三）发达国家统筹发展职业学校教育和职业技能培训的经验

统筹发展职业学校教育和职业技能培训，这不仅是发达国家促进本国职业教育发展的基本经验，同时也是这些国家以有效的职业教育模式适应产业转型升级对人才的需求的关键措施。在这方面，发达国家的做法可以概括为以下三个方面。

1. 形成职业学校和培训机构之间既有分工又有合作的人才培养模式

从发达国家的经验来看，人才培养模式既是职业教育改革和发展的核心问题，也是不同国家之间职业教育制度的根本区别所在。尽管如此，许多发达国

① ［澳］杰克·基廷，［美］艾略特·梅德奇，［澳］维罗妮卡·沃尔科夫，［澳］简·佩里．变革的影响——九国职业教育与培训体系比较研究［M］．杨蕊竹，译．北京：首都经济贸易大学出版社，2018.

② 杨延．发达国家职业资格认证制度的成功经验［J］．考试研究，2006，2（3）：119－127.

家普遍形成了职业学校和培训机构之间既有分工又有合作的人才培养模式。目前，发达国家职业教育主要有学校主体模式、企业主体模式和“双元制”模式这三种人才培养模式。在这三种人才培养模式中，职业学校和培养机构之间的“分工－合作”方式也各不相同。在学校主体模式中，职业学校是技术、技能型人才主要的培养主体，职业培训机构或者职业训练中心根据国家或者市场（主要是企业）的需要提供职业技术培训服务，二者之间的合作主要体现在企业推行的现代学徒制上，代表国家是法国、澳大利亚、新加坡等；在企业主体模式中，职业学校的职责主要是向学生传授职业技能知识，而职业培训和技能发展则主要由企业提供，代表国家是日本、英国、美国；在“双元制”模式中，各类企业、行业组织与职业学校联合，通过多种合作形式，广泛地开展各层次的技能人才培训，代表国家是德国、奥地利等。①

2. 建立和健全职业教育校企合作的长效机制

促进产教融合、校企合作，充分发挥行业、企业在职业教育发展中的作用，这是由职业教育的本质属性决定的。在这一方面，发达国家的做法主要是建立和健全职业教育校企合作的长效机制，具体体现在以下三个方面。一是搭建政府、行业、企业、学校四方联动的平台与桥梁。例如，美国成立“美国高校大学—企业关系委员会”、英国成立“培训与企业委员会”和“就业与技能委员会”、法国成立“教育—企业工作线”和“教育—经济高级基金会”、澳大利亚政府成立“技术与继续教育委员会”“教育就业培训和青年事务委员会”和“国家培训总局”等专门机构，统筹、规范校企合作，确保职业学校、政府和行业、企业的紧密联系，促进企业积极参加职业教育。二是由政府提供法律、制度和资金保障。许多发达国家根据自身的实际情况制定了符合本国经济社会发展和产业转型升级需求的法律制度，以保证校企合作方式有法可依、有章可循。比如，德国有《工业法》《职业教育法》《教育框架计划》《企业教师资质条例》等法律、法规，美国有《职业教育法》《美国教育法》《学校—工作多途径法案》等法律、法规，法国有《高等教育法》《职业教育法》《企业宪法》等一系列法规。三是完善职业资格认证制度及考核体系。例如，英国政府实行统一的“国家职业资格证书”和“普通国家职业资格证书”制度，职业资格证书由认可的机构颁发给个人，为与工作有关的就业能力和继续学习能力提供凭证。②

3. 完善学历证书、培训证书和职业资格证书有机结合的职业资格认证制度

对于职业教育而言，学历证书是反映劳动者职业学校教育经历和职业教育

① 袁兆亿，张谦明，常洪军．发达国家的职业教育模式及特点［J］．科技管理研究，2008（5）：157－160.

② 刘勇．职业教育发达国家校企合作模式及经验借鉴［J］．改革与开放，2018（20）：9－11.

理论知识水平的证明，培训证书是反映劳动者职业培训经历和职业培训水平的证明，而职业资格证书是表明劳动者具有从事某一职业所必备的学识和技能的证明。许多发达国家的实践表明，完善学历证书、培训证书和职业资格证书有机结合的职业资格认证制度，这不仅是国家统筹发展职业学校教育和职业技能培训的具体体现，也是其适应本国产业转型升级发展需要的重要举措。例如，德国的“双元制”职业教育体系要求学生在毕业时需要取得考试证书、培训合格证书和职业学校毕业证书，这种做法既有利于学生在就业时证明自己的能力，又为招聘方考察学生的能力提供可靠的依据和凭证；加拿大政府赋予行业协会通过职业认证指导职业学历教育的职能，即行业协会定期对学校专业科目的设置进行监督，对学校的专业教育进行专业跟踪评价，不断修改和完善学校专业科目的设置，使专业教育始终遵照职业认证的标准进行，从而使毕业生在取得学位证书的同时，也取得相应级别的职业资格证书。①

五、我国典型地区助推产业转型升级的职业教育发展经验

（一）我国典型地区助推产业转型升级的职业学校教育发展经验

1. 推进职业教育学校组团式发展

（1）推进职业教育集团化办学。所谓职业教育集团化办学，就是职业院校、行业企业、行业协会等组织为实现资源共享、优势互补、合作发展而组织成职业教育团体的一种办学方式，其是近年来我国职业教育办学体制改革、促进优质资源开放共享的重要模式。目前，我国职业教育集团的组成主体包括政府机构、行业组织、企（事）业单位、职业院校、研究机构和社会组织等六类。通过组建职业教育集团，不同主体可以充分地发挥支持和参与职业教育发展的重要作用，进而推动本地区或者本行业的产业转型升级。主要体现在以下五个方面：一是有效地促进专业设置与产业需求的对接；二是有效地促进课程内容与职业标准的对接；三是有效地促进教学过程与生产过程的对接；四是有效地提供了实训资源的建设水平；五是有效地推进“双素质、双结构”的教育团队建设。②

---

① 周国军．发达国家职业资格认证制度对高职教育的启示［J］．南宁职业技术学院学报，2007，12（4）：25－28．

② 王玉龙，刘晓．职业教育集团化办学：历史、现状与发展策略［J］．中国职业技术教育，2014（30）：62－66．

专栏 1

福建泉州市职教集团“抱团发展”服务产业转型升级

截至 2018 年 2 月，福建省泉州市已有福建省医药护理职业教育集团、泉州市建筑职业教育集团、泉州智能制造职教集团等 3 个省级职教集团，泉州市经贸职业教育集团、泉州市纺织服装职业教育集团等 7 个市级职教集团。集团成员之间强化深度融合，学校突出职业教育，在教学和课程设置、教学的内容上以行业、企业的需求为主导；而企业又为学校的专业建设、实习实训基地建设、人才培养、学生就业等方面提供有力的支持和支撑，实现资源共享，优势互补，促进共同发展。

目前，泉州市职业教育集团实现良性发展，有效运转，较好地发挥校企合作平台作用。2016 ~ 2017 学年，职教集团共计开展订单培养 1496 人、校企联合开展技术攻关项目 52 项、合作编写教材 35 门、联合制订人才培养方案专业 110 个、培训职工 6.8 万人次，促使职业院校与产业的契合度更高，校企合作更加密切，产、学、研协同创新能力进一步提升。2017 年，泉州市高职院校与区域内 1291 家企业开展合作，其中产值超亿元的企业 442 家；开展订单培养的学生总数为 4683 人，占总在校生比例的 10.25%；来自行业企业兼职教师数达 897 人，专任教师前往企业挂职和服务的教师数为 826 人，基本实现双师互通。

资料来源：笔者引自《泉州晚报》2018 年 2 月 2 日。

（2）推进中职学校和高职院校之间的组团式发展。在我国现阶段的职业教育体系中，中等职业教育是高中阶段教育的重要组成部分，重点培养技能型人才，发挥基础性作用；高等职业教育是高等教育的重要组成部分，重点培养高端技能型人才，发挥引领作用。构建现代职业教育体系，是我国推进职业教育现代化的重要内容，而实现中等职业教育与高等职业教育之间的有效衔接则是构建现代职业教育体系的关键。为此，我国部分地区把推进中职学校和高职院校之间的组团式发展作为中高职衔接的具体形式。所谓中职学校和高职院校的组团式发展，就是一所高职院校引领若干所中职学校，以加强主要专业相类同的中高职院校合作发展、促进中高职衔接的组合。通过这种组团式发展，可以更加有效地发挥中职教育的基础性作用和高职教育的引领性作用，从而为助推产业转型升级培养更多的技术、技能型人才。

专栏2

山东省淄博职业学院：充分发挥高职引领作用，系统培养技术技能人才

近年来，山东省淄博职业学院不断创新工作机制，充分发挥高职院校的引领使用，大力推进中职、高职、本科的有效衔接，系统化培养技术、技能人才。一是构建一体化贯通培养的有效工作机制。专门成立贯通培养项目管理机构，建立工作联席会议制度和专业考研会议制度，建立相关本科高校、高职院校、中职学校等专业骨干和行业企业专家为成员的“专业联盟”，全面负责专业建设调研、专业教学标准制订和教学组织实施等工作，建立资源共享机制，搭建资源共享平台。二是依托职业教育集团搭建人才衔接培养平台。通过组建以高职院校为龙头的职业教育集团，搭建起在实训基地建设、专业建设、人才培养、技术研发等方面紧密合作的校企共建、衔接培养平台。三是构建服务区域发展的中高职衔接专业体系。围绕淄博产业发展重点和区域结构调整对人才需求的变化，积极推进专业结构调整，建立具有区域特色、中高职紧密衔接的专业体系。四是对接专业培养目标系统设计人才培养方案。立足区域经济对人才层次的递进需求，按照贯通培养原则，通过专业建设调研，确定4种层次人才培养需求，构建起以典型工作项目为主的模块化课程体系，实现对人才培养的一体化设计。五是积极拓宽学生多样化成长成才通道。加强与国外高校的合作办学，搭建境外学习、留学、实习平台，积极开展在职专科、本科、研究生等层次的非全日制学历教育。

资料来源：中华人民共和国教育部网站。

（3）推进职业院校专业建设的集群式发展。当前，专业集群式发展是我国职业院校专业建设水平提升的一个重要特征。这种发展方式以经济领域的产业集群理论为理论基础，是在某一特定区域内的政府对本区域职业教育发展宏观统筹、调控、规划与引导下，以区域内某一特色或优势主导产业或支柱产业集群为服务对象，紧密围绕区域产业集群经济发展而形成的、以区域内一所或若干所重点建设中等和高等职业院校的品牌特色专业和专业群为核心，形成相关专业与专业群在空间上的集聚。① 推进职业院校专业建设的集群方发展，可以有效提高技能型与技术应用型人才的培养质量，实现人才培养与培训的规模化与集约化，推动区域职业教育的协调与一体化发展，为区域经济发展和产业

① 赵昕，张峰．基于产业集群的职业教育专业集群基本内涵与特征［J］．职业技术教育，2013，34（4）：36－40.

转型升级提供强有力的人力资源支撑。

专栏3

温州：建设职业教育“智能+”专业集群

为积极应对“机器换人”的产业变革，服务地方经济转型升级。2018年3月，浙江省温州市出台了《新时代职业教育人才培养模式改革工作方案》（以下简称《方案》），提出到2020年建成与区域产业匹配的“智能+”专业集群。《方案》首次明确在全市中职学校开展智能时代新一轮专业结构调整工作，新设一批智能制度、智慧文创、工业机器人等专业，培养与自动化、智能化设备操作匹配的技术型人才；增加人工智能选修课比例；提炼企业生产线上智能化课程元素，推进校企共同开发课程；依托VR（虚拟现实）、大数据、物联网等智能技术，积极开展“智慧教学”“智慧实训”等，推动优质职业教育资源共建共享。根据《方案》，到2020年温州市将建成智能类或智能化方向市级示范专业50个、实训基地30个、虚拟现实协同创新中心10个，建成一批呈现错位、特色、品牌发展态势的智能类或智能化方向专业。

资料来源：笔者引自《中国教育报》2018年4月7日。

2. 推进职业学校教育的特色化发展

与经济社会发展和产业转型升级的需要相比，我国职业教育仍然存在诸多弊病，而办学特色不鲜明、吸引力不强就是其中之一。因此，推动职业教育尤其是职业学校教育的特色化发展，增强职业教育的吸引力，就成为新时代职业教育改革的重要内容。职业教育学校的办学特色具体体现在学校办学过程中的独特性、优质性和发展性上，即在独特的办学思想的指导下，依据学校的自身状况，在长期的办学实践中，发挥本校优势，选准突破口，以点带面，通过有意识的、逐渐形成的那些有利于自身生存和发展、遵循教育规律、适应经济社会发展需要的独特的、优质的、稳定的、整体的办学风格。[①] 从表现形式来看，职业教育学校办学特色体现在教育目标、文化品格和培养目标上，特别是由于“职业”两字，其在教学模式、学科/专业建设、师资队伍建设和校园文化上与普通学校有所区别。目前，我国部分地区围绕地方文化和重点产业，推进职业院校特色化、精品化、优质化发展，提供职业教育吸引力，为推动区域经济社会发展和产业转型升级培养高素质的技术、技能型人才。

---

① 孙从建．职业学校办学特色的表现与比较［J］．产业与科技论坛，2012，11（11）：201-202.

专栏 4

四川省成都市坚持职业教育特色化发展之路

2015 年以来，四川省成都市率先探索特色职业院校建设之路，旨在以优秀文化为引领，以专业建设为基础，以课程改革为核心，以特色项目为载体，以学生的全面、终身和可持续发展为目标，着力建设一批具有成都区域文化、产业文化特色的，办学风格独特、特色鲜明、示范性强、具有引领和辐射作用的职业院校。为加快发展现代职业教育，落实《成都市人民政府关于加快发展现代职业教育的实施意见》，2016 年 3 月，成都市教育局印发了《成都市教育局关于做好成都市特色职业院校建设工作的通知》，提出到 2020 年基本建成 30 个特色职业院校。三年多以来，通过对顶层设计、特色体系、督评管调的实践与探索，成都市逐渐走出了一条职业教育特色化发展之路，第一批、第二批特色职业院校的 11 个建设单位形成了各具特色的办学文化，比如“精益”管理、传承发扬巴蜀菜文化的成都财贸职高，“融合”教育、推进德国“双元制”的本土化实践的中德（成都）AHK 职教培训中心，“幸福”理念、培养社会主义建设者和接班人的成都汽车职业技术学校等。

资料来源：笔者引自《中国教育报》2018 年 12 月 7 日。

3. 推进职业学校教育的一体化发展

目前，我国的职业学校教育由中等职业教育、高等职业教育和应用型本科教育这三个部分组成，推进中职与高职的一体化贯通、高职专科与应用型本科的一体化衔接是新时代我国职业教育改革的重要内容。与中职、高职分段培养模式相比，中高职贯通的人才培养模式具有以下四点比较优势：一是实现统一教育理念下的一体化人才培养；二是避免了生源不同造成的教、学两难的弊端；三是有计划地实施阶梯式的能力提升训练；四是有利于提高招收优质生源的吸引力；五是为构建现代职业教育体系奠定基础。[①] 此外，高职专科与应用型本科之间的衔接也是适应经济社会发展和产业转型升级对人才需求的必然选择，具体体现在以下三点：一是在人才培养目标上体现高职与应用型本科的连贯性；二是在培养模式与过程上体现高职与应用型本科的职业同向性；三是在专业人才输出上体现高职、应用型本科与对接区域产业人才层次的动态变化需要同步性。[②]

---

① 韩天学．中高职贯通：五年制高职一体化培养模式的比较优势［J］．职教论坛，2016，116（8）：6－9.

② 孙洁，孙斐斐．高职专科与应用型本科一体化衔接的探索与分析［J］．科技视界，2015（10）：165－167.

专栏 5

上海：建设一批中高职贯通、中本贯通高水平专业，培养更多“大国工匠”

为了积极探索适应上海经济社会发展需要和特点的高素质劳动者和技术、技能型人才培养模式，上海分别自 2010 年、2014 年启动中高职教育贯通培养模式试点（即“中高职贯通”）、中等职业教育——应用本科教育贯通培养模式试点（即“中本贯通”）。这是一种打通中职、高职、应用本科的人才培养模式。所谓中本贯通，是指经过 3 年中职和转段考试后升入本科学习，完成学业的学生可获取本科学历证书和技能证书；所谓中高职贯通，是指学生经过 5 年学习后获得高职学历证书和相关技能证书。目前，上海已经设立了 52 个中本贯通专业试点和 165 个中高职贯通专业试点，为上海人才培养搭建了“立交桥”，有力地推动了现代职业教育体系的建设。

在未来两年内，上海将遴选一批经济社会发展急需的、在上海有生命力的专业，率先建设专业教学标准，推进中高职贯通培养的一体化、规范化和标准化。与此相对应，上海还将建设一批中高职贯通、中本贯通的高水平专业，用三年左右的时间，探索贯通院校雷同开展专业建设的机制，建设一批校企合作机制高效能、课程教学改革高效率、专业教师队伍高素质、专业教学条件高规格、教学运行管理高效率、社会服务能力高层次的中高职贯通、中本贯通高水平专业。

资料来源：笔者引自《文汇报》2018 年 10 月 9 日。

（二）我国典型地区助推产业转型升级的职业技能培训发展经验

1. 通过职业技能培训提升产业工人的技能水平

现阶段，我国产业转型升级逐渐向数字化、智能化的方向发展，这就要求通过职业教育和职业培训为其提供人力资源支撑。与职业学校教育相比，职业技能培训的重心在于提升产业工人的技能水平，并以此助力产业转型升级。近年来，为适应经济社会发展和产业转型升级的需要，我国不断加快推进职业教育改革的步伐，与产业转型升级相适应的现代职业培训体系不断建立和健全，职业技能培训与产业发展之间不断实现深度融合、良性互动。我国部分地区的实践表明，发展职业技能培训必须面向市场，以服务当地产业发展为出发点和归宿，通过与产业发展对接，符合区域发展所需的技能人才，探索技能人才规模化培养的道路。例如，2015 年以来，深圳市龙岗区实施以“互联网 + 微课 + 双元制”为基本模式的“大职训”，通过“职能大整合、资源大统筹、平台大开发、培训大规模”的基本路径，大力提高居民就业创业能力，提升企业员工素质和技能水平，助推产业转型升级。

专栏 6

深圳市龙岗区：“大职训”为产业转型升级提供技能人才支撑

近年来，为适应深圳市“东进战略”的推进和产业转型升级的需要，龙岗区启动“大职训”改革，目的是建立适应产业发展的现代职业培训体系，促进职业培训与产业发展的深度融合、良性互动。目前，龙岗区是深圳市职业教育规模最大的行政区，职业教育和培训逐步形成“龙岗特色”和“龙岗模式”，“龙岗品牌”正在形成。从 2016 年起，龙岗区开始借鉴德国“双元制”的精髓，创造性推进产教融合职业教育“双元制”模式改革，积极探索符合龙岗实际、具备龙岗特色的职业教育发展之路，重点是探索学校职业教育和在职教育的技能人才培养、评价一体的“龙岗模式”，化解人才匮乏和传统培养模式矛盾。2017 年以来，龙岗区尽力统筹利用区内各类职业教育和培训资源，引导、扶持职业培训机构和重点培训工种、项目，创新推进技能人才规模化和多元化评价。未来一段时期，龙岗区将在总结改革做法、经验和教训的基础上，结合深圳特色和龙岗区产业实际，继续深化职业教育培训改革，尽快将职业教育改革与产业工人技能形成体系打通，实现无缝对接，打造辐射珠三角区域、示范我国 31 个省（区、市）的职业培训强区。

资料来源：笔者引自《南方日报》2017 年 11 月 15 日。

2. 通过成人继续教育服务行业企业转型升级对新型产业工人的需求

在我国，成人继续教育是一种有别于普通全日制教学形式的教育形式。通过这一教育过程，使社会成员中被称为成年的人增长能力、丰富知识、提高技能和专业资格，或使他们转向新的方向，在人的全面发展和参与社会经济、文化的均衡而独立发展两个方面，使他们的态度和行为得到改变。由此可见，我们可以把成人继续教育看作职业技能培训的一个特殊类型，其在提升成人职业技能以服务行业企业转型升级的方面发挥着重要作用。主要体现在：成人继续教育机构通过对接产业转型升级和企业需求，对接政府产业政策引导需求，对接科研成果转型需求，探索服务社会的产学研合作渠道，开发不同行业领域，形成富有特色的品牌项目，培养和集聚一批高水平应用型领军人才和创新团队。

专栏7

浙江大学：面向产业转型升级　构建高校继续教育新模式

近年来，浙江大学充分发挥综合型、创新型大学的学科优势和综合特点，积极为行业企业、区域经济发展等发挥智力支持作用，顺应时代发展新趋势以市场需求为导向，实施继续教育品牌化发展战略，有针对性地研发和实施面向产业转型升级的高层次人才培训项目，推动继续教育的改革转型。一是面向新常态，明确定位提高服务社会能力。浙江大学以党政管理、企业经营管理、专业技术三方面高层次人才培养为重点，以继续教育为纽带，通过产、学、研一体化教学探索了高校和地方产、学、研对接合作新模式。二是深化教学改革，创新继续教育办学模式。浙江大学主动开发市场，区分产、学、研、政不同的培训对象，整合联动设计新项目；细分行业领域，面向产业需求，创新开发产、学、研结合培训项目；结合“一带一路”“西部大开发”等，发挥继续教育的产、学、研桥梁纽带作用。三是创新管理机制，探索高校继续教育发展新模式。浙江大学通过明确定位，加强顶层设计规划，优化资源配置，提升继续教育品牌，交叉联动，形成产、学、研互动叠加增值效应，机制创新，为继续教育新模式提供支撑保障。

资料来源：陈军，柳曦，韩建．面向产业转型升级　构建高校继续教育新模式——以浙江大学为例［J］．继续教育，2017（5）．

（三）我国典型地区统筹发展职业学校教育和职业技能培训的经验

1. 职业院校通过开展职业培训为社会和企业培养高素质劳动者

坚持学校教育与职业培训并举、统筹发展职业学校教育和职业技能培训，是我国推进职业教育发展的一项重要政策举措。随着社会的现代化和科技化的发展，尤其是产业转型升级步伐的不断加快，社会对技能型人才的需求越来越强烈，这就为职业院校开展社会职业培训提供了机遇和动力。① 从职业院校自身来看，提供社会化职业技能培训是其履行服务社会职能的重要形式，而且其自身也具有开展社会化职业技能培训的优势。主要体现在以下五点：一是良好的教育资源。职业院校具有丰富的职业教育资源和规范的办学场所，同时还具有专业的职业教育教师，具备较强的职业教育能力，能够制订科学的人才培养

① 赵展，卜树坡．职业院校开展职业培训的有效性研究［J］．职教通讯，2015（8）：22－24.

方案。二是丰富的教学经验和教育发展机遇。职业院校在教学改革与发展过程中积累了丰富的经验，其教师也具有较强的技术攻关和科研能力，能够为技术创新和社会培训提供人才支持。三是良好的社会信誉。与一般的社会培训机构相比，职业院校的社会认同感和信任感较强。四是能够提供公益性的教育服务。职业教育的公益性决定了职业院校在开展职业技能培训时，更加关注社会效益及对企业的服务效果。五是丰富的办学经验。职业院校具有丰富的教学经验，其办学的组织性、计划性和系统性较强，能够较为全面地了解市场和企业的人才需求，进而提供较高质量的职业技能培训。[①]

专栏 8

广东轻工职业技术学院：高职院校开展社会职业培训的探索与实践

近年来，广东轻工职业技术学院充分利用自身的优势资源服务地方产业转型升级。一是加强与政府及相关培训管理部门的联系和沟通，承接职业培训业务。学院利用国培、省培、职业资格考证培训等，为其他高校和企业人员提供技能培训与考证服务。二是利用高职院校大量的企业资源，开办校企合作培训班。学院采取多种模式举办校企合作培训班，不仅可以很好地解决生源问题，而且可以根据企业的需求设置培训课程，从而确保培训效果。三是与社会培训公司合作开展联合办学。针对学校投入社会职业培训工作的人手缺乏和宣传、组织费用不足等问题，学院选择与社会培训公司开展合作，利用社会培训公司的人力、物力进行宣传、招生、联合办学。四是开拓远程与实操结合的培训模式。由华南理工大学负责网络学习部分，由学院负责实操培训部分，联合开展“网络 + 面授 + 实操”相结合的培训模式。

资料来源：许琼燕，周小平．高职院校开展社会职业培训的探索与实践——以广东轻工学院技术学院为例［J］．广东轻工职业技术学院学报，2016(3)．

2. 职业院校和企业通过现代学徒制合作培养技术技能人才

自 2014 年以来，现代学徒制成为我国深化产教融合和校企合作、统筹发展职业学校教育和职业技能培训的一项重要政策举措。所谓现代学徒制，是指通过学校、企业深度合作，教师、师傅联合传授，对学生以技能培训为主的现代人才培养模式。与普通大专班和以往的订单班、冠名班的人才培养模式不

① 蒋海忠．技师院校开展社会职业培训的路径选择［J］．管理观察，2018（23）：146－147.

同，现代学徒制更加注重技能的传承，由校企共同主导人才培养，设立规范化的企业课程标准、考核方案等，从而体现了校企合作的深度融合。现代学徒制有利于促进行业、企业参与职业教育人才培养的全过程，实现专业设置与产业需求对接，课程内容与职业标准对接，教学过程与生产过程对接，毕业证书与职业资格证书对接，职业教育与终身学习对接，提高人才培养的质量和针对性。在探索建立中国特色现代学徒制的基础上，我国从 2015 年开始企业新型学徒制试点工作，并于 2019 年在我国 31 个省（区、市）全面推开。企业新型学徒制旨在引导企业建立技能人才工作新机制，通过在企业推行以“招工即招生、入企即入校、企校双师联合培养”为主要内容的企业新型学徒制，组织企业新招用人员和新转岗人员参加新型学徒培训，加快企业青年技能人才的培养。

六、新时代助推产业转型升级职业教育发展的对策建议

当前，我国已经进入中国特色社会主义新时代，国民经济发展正在由高速增长向高质量发展转变，而加快产业转型升级正是实现这一转变的关键环节。近年来，我国职业教育蓬勃发展，为助推产业转型升级培养和输送了大批高素质技术、技能型人才，为加快发展壮大我国现代产业体系作出了重大贡献。然而，受体制、机制等多种因素的影响，我国职业教育人才培养供给侧和产业转型升级需求侧在结构、质量、水平上还不能完全适应。为促进教育链、人才链与产业链、创新链有机衔接，更好地发挥职业教育发展对产业转型升级的助推作用，特提出如下四个方面的对策建议。

（一）完善职业教育法律、法规保障产业转型升级

1. 与时俱进地修订和完善《中华人民共和国职业教育法》

自 1996 年颁布实施以来，《中华人民共和国职业教育法》对我国的职业教育改革和发展产生了重大的影响，有力地调动了各级政府和社会各界发展职业教育的积极性，但是我国的职业教育仍然存在着发展不平衡、投入不足、办学条件差、管理体制、运行机制以及人才培养的规模、结构、质量不能很好地适应经济社会发展和产业转型升级需要等诸多问题。对此，应根据当前我国经济社会发展和产业转型升级的需要，并结合党的十八大以来我国职业教育理念的变化，对《中华人民共和国职业教育法》进行与时俱进的修订与完善。

一是修订和完善《中华人民共和国职业教育法》的指导思想。按照党的十八届三中全会提出的“加快现代职业教育体系建设，深化产教融合、校企合作，培养高素质劳动者和技能型人才”的目标，党的十八届四中全会全面推进

依法治国的有关精神，习近平同志关于现代职业教育体系建设的重要批示，还有中共中央、国务院近期印发的《中国教育现代化2035》以及国务院印发的《国家职业教育改革实施方案》，并借鉴国外相关的立法经验，抓紧修订和完善《中华人民共和国职业教育法》。

二是进一步明确职业教育的管理体制和运行机制。加强职业教育宏观管理体制的统筹和协调，进一步理顺教育部门、人事和社会保障部门、各行业部门之间的关系及管理责任与分工，理顺职业教育部门内容的管理体制，实行初、中、高职管理部门的衔接，公办与民办相互沟通的一体化职业教育管理体制；充分发挥行业协会、中华职业教育社等专业团体、社会组织在职业教育中的作用；明确“在国务院领导下，分级管理、地方为主、政府统筹、社会参与”的管理体制，明确“政府主导、行业作用、多元投入、产教融合、校企合作、自主运行、公办民办、共同发展”的办学体制和运行机制。

三是以法律的形式保障职业教育与普通教育同等的法律地位。规定职业教育和普通教育同等的法律地位，实行全民终身职业教育制度，推进职业教育和普通教育办学资源互享互通，学生合理流动，在升学就业等方面享受同等待遇；明确“双师型”教师队伍建设，建立与职业教育相适应的教师管理和培养培训体系，明确高等职业教育是职业教育的重要层次，增加民办职业教育的内容，实现与公办职业学校法律地位的完全平等。

2. 强化地方职业教育立法保障区域产业转型升级

与其他教育类型相比，职业教育是与区域经济发展尤其是产业转型升级关系最为紧密的教育类型。由于我国国情复杂、各省（区、市）经济发展程度不均衡，国家不可能制定出一个适用于所有地区的上位法，因此，地方职业教育立法既是对国家上位法的一种补充、实践和探索，同时充分发挥职业教育对区域产业转型升级助推作用的必要手段。在严格执行国务院关于加强行政规范性文件制定和监督管理相关规定的基础上，地方不仅要立足于区域经济发展尤其是产业转型升级的实际情况，进行充分调研，并借鉴发达国家的相关经验，设置一套完善的立法程序，严格执行评估论证、公开征求意见、合法性审核、集体审议决定、向社会公开发布等程序，保证立法公开、透明、科学、民主，构建适合于地方职业教育的可行性方案，保障立法能够真正调整区域经济社会关系、规范职业教育发展。

3. 细化相关法律、法规完善职业教育法律体系

除了抓紧修订和完善作为基本法的《中华人民共和国职业教育法》之外，还应制定和完善各种单项配套法规，并与《中华人民共和国教育法》等相关法律衔接，促进我国职业教育法制化。一方面，逐渐形成以《中华人民共和国职业教育法》为一般性法规，以《中华人民共和国职业教育投入法》《中华人民共和国企业培训法》《中华人民共和国民办职业教育促进法》等为单项配套法规，辅以大量的行政规章、地方性条例等的职业教育法规体系，为我国职业教育的发展奠定法律基础；另一方面，加强《中华人民共和国职业教育法》与《中华人民共和国教育法》《中华人民共和国高等教育法》《中华人民共和国民办教育促进法》等相关法律的衔接，为职业教育与普通教育的互通衔接、共同发展奠定坚实的法律基础。

（二）整合、优化职业教育资源布局和专业设置契合产业转型升级

1. 围绕产业转型升级整合和优化职业教育资源布局

当前，总体规模不足、地区之间和不同层次之间发展不平衡是我国职业教育发展面临的突出问题，严重制约职业教育发展对产业转型升级的助推作用。对此，应围绕产业转型升级整合和优化职业教育资源布局。一是通过撤销、合并、兼并、划转、共建等形式，整合一批弱、小、散的职业教育学校，推动职业教育资源向优质学校集中，优化职业教育学校布局，增强办学能力，提升办学质量；二是通过全面实施职业学校标准化建设工程、职业学校信息化建设工程等，不断提升职业教育学校的标准化、信息化水平；三是充分发挥政府职业教育投入的引导和带动作用，调动行业、企业和全社会参与职业教育的积极性，形成公办与民办并举，中职与高职有机衔接，职业教育与普通教育“立交桥”互通，政、产、学、研、用深度融合，体现终身职业教育理念的现代职业教育体系。

2. 推动职业教育专业设置与产业转型升级有机衔接

国内外的实践经验表明，大力发展职业教育可以为加快产业转型升级提供有力的人才保障，而科学、合理的专业设置是发挥职业教育对产业转型升级助推作用的重要条件。因此，应大力推动职业教育专业设置与产业转型升级实现有机衔接，建立和健全与产业转型升级需求相适应的职业教育专业设置动态调整机制。一是建立产业转型升级背景下职业院校专业调整的需求调研机制，对专业调整的现实需求与内容框架进行确认；二是建立产业转型升级背景下职业院校专业调整的标准预警机制，以考察职业院校的专业人才结构、质量是否符合区域产业转型升级的需求；三是建立产业转型升级背景下职业院校专业更新机制，以便以最小的投入适应产业转型升级的需求；四是建立产业转型升级背景下职业院校专业结构调整机制，以厘清专业调整的资源获取与结构变化。

（三）以职业教育领域政、产、学、研、用深度融合推动产业转型升级

1. 进一步明确政府在职业教育产教融合中的角色定位和职责

从进入21世纪我国职业教育政策的发展沿革来看，政府的角色已经从2002年《国务院关于大力推进职业教育改革与发展的决定》中的“主导”，转变为2017年《国务院关于深化产教融合的若干意见》中的“推动”。因此，顺应这一转变，进一步明确政府在职业教育产教融合中的角色定位和职责。一是政府是职业教育产教融合、校企合作的统筹与协调者。充分发挥政府在部门统筹与协调、资源统筹与协调等方面的优势，促进政、产、学、研、用形成协同与联动；二是政府是职业教育产教融合、校企合作的规划与引导者。政府在编制经济社会发展规划时，统筹职业教育与区域发展、产业发展的布局；三是政府是职业教育产教融合、校企合作的支持与推动者。政府应依法为职业教育产教融合、校企合作形成互惠共赢机制提供政策支持，同时通过财税减免、用地、劳务补助等优惠政策给予推动；四是政府是职业教育产教融合、校企合作的评估与监督者。政府应制定职业教育产教融合、校企合作的评价机制，督促和规范各方的合作行为，保护和激发各方开展合作的积极性；五是政府是职业教育产教融合、校企合作的宣传与促进者。政府应加强宣传动员和舆论引导，广泛宣传深化产教融合的政策，营造职业教育产教融合、校企合作的良好环境。

2. 加快培育和壮大产教融合型企业

当前，企业不仅是我国产业转型升级的重要主体，同时，也是我国深化产教融合的重要主体。因此，新时代助推产业转型升级职业教育的发展需要培育和壮大越来越多的产教融合型企业。一是在新一代信息技术、高档数控机床和机器人、航空航天设备、海洋工程设备及高技术船舶等重点领域大力培育和壮大产教融合型企业，充分发挥这些企业在深化产教融合、引领产业转型升级中的作用；二是在开展国家产教融合建设试点的基础上，建立产教融合型企业认证制度，对进入目录的产教融合型企业给予“金融+财政+土地+信用”的组合式激励，并按规定落实相关税收政策；三是对参与试点的产教融合型企业举办职业教育的投资符合条件的，按投资额一定比例抵免企业当年应缴教育费附加和地方教育附加，厚植企业承担职业教育责任的社会环境。

3. 推动职业院校与产业转型升级全面对接

在产业转型升级的背景下，需加快建立以产业需求为导向的职业教育国家标准，充分发挥标准在职业教育质量提升中的基础性作用，推动职业院校与产业转型升级全面对接。一是按照专业设置与产业需求对接、课程内容与职业标

准对接、教学过程与生产过程对接的要求，完善中等、高等职业学校设置标准，规范职业院校设置；二是实施教师和校长专业标准，提升职业院校教学管理和教学实践能力；三是持续更新并推进专业目录、专业教学标准、课程标准、顶岗实习标准、实训条件建设标准建设在和职业院校落地实施；四是在试点的基础上推广“1 + X”证书制度，探索建立中国特色复合型技术、技能型人才培养培训新模式。

（四）贯彻落实终身职业技能培训制度助力产业转型升级

1. 建立和健全终身职业技能培训体系

推行终身职业技能培训制度，是我国深化人力资源供给侧结构性改革的重要举措，也是充分发挥职业教育对产业转型升级助推作用的重要手段。因此，应切实贯彻落实终身职业培训制度，以此助力产业转型升级。一是建立职业技能培训市场化社会化发展机制。大力发展民办职业技能培训，鼓励企业建设培训中心、职业院校、企业大学，开展职业训练试点工作。二是建立技能人才多元评价机制。健全技能人才评价体系，建立职业技能等级制度，完善多元化评价方式，健全技能人才评价管理服务体系，建立和健全职业技能竞赛体系。三是建立职业技能培训质量评估监管机制。建立培训绩效评估体系，建立基于互联网的职业技能培训公共服务平台，探索建立劳动者职业技能培训电子档案。四是建立技能提升多渠道激励机制。支持劳动者凭技能提升待遇，建立、健全技能人才培养、评价、使用、待遇相统一的激励机制。

2. 强化工匠精神和职业素质的培育

党的十九大报告提出，要建设知识型、技能型、创新型的劳动者大军，弘扬劳模精神和工匠精神，营造劳动光荣的社会风尚和精益求精的敬业风气。在产业转型升级的背景下，一方面要大力弘扬和培育工匠精神，坚持工学结合、知行合一、德技并修，完善激励机制，增强劳动者对职业理念、职业责任和职业使命的认识与理解，提高劳动者践行工匠精神的自觉性和主动性；另一方面要广泛开展“大国工匠进校园”活动，加强职业素质培育，将职业道德、质量意识、法律意识、安全环保和健康卫生等要求贯穿职业培训全过程。

参考文献

［1］［美］迈克尔·波特．国家竞争优势［M］．李明轩，邱如美，译．北京：中信出版社，2007.

［2］［美］霍利斯·钱纳里，谢尔曼·鲁宾逊．工业化和经济增长的比较研究［M］．吴奇，王松宝，译．上海：上海三联书店，2015.

［3］［美］凯瑟琳·西伦．制度是如何演化的：德国、英国、美国和日本的技能政治

经济学［M］. 王星，译. 上海：上海人民出版社，2010.

［4］李福生，段海禹，白杨，刘熠. 新时代完善农民工技能形成体系研究——基于工会院校视角［J］. 中国劳动，2018（9）：47－58.

［5］李玉斌. 新的使命和担当——《新时期产业工人队伍建设改革方案》解读［M］. 北京：中国工人出版社，2017.

［6］平和光，李孝更. 十八大以来中国特色现代职业教育体系建设报告［J］. 职业技术教育，2017，38（24）：37－44.

［7］郭晓勋，刘立民. 健全职工职业技能培训体系及机制研究［J］. 中国劳动关系学院学报，2015，29（1）：59－63.

［8］赵鹏飞. 教育部现代学徒制试点的地方实践［J］. 中国职业技术教育，2018（13）：29.

［9］张车伟. 解决大学生就业难需建立长效机制［J］. 中国经贸导刊，2009（5）：6.

［10］刘春玲. 中国职业教育的发展现状剖析［J］. 长春师范学院学报：自然科学版，30（6）：155－156.

［11］徐瑛，杨东辉. 高职院校“双师型”教师队伍建设刍议［J］. 北方经贸，2012（5）：186－187.

［12］朱新生，杨海华. 论职业学校教育与职业培训的并举与融合［J］. 职教论坛，2011（25）.

［13］李玉姝. 技能形成制度的国际比较研究［M］. 北京：社会科学文献出版社，2018.

［14］贺国庆，朱文富. 外国职业教育通史（下卷）［M］. 北京：人民教育出版社，2014.

［15］［澳］杰克·基廷，［美］艾略特·梅德奇、［澳］维罗妮卡·沃尔科夫、［澳］简·佩里. 变革的影响——九国职业教育与培训体系比较研究［M］. 杨蕊竹，译. 北京：首都经济贸易大学出版社，2018.

［16］杨延. 发达国家职业资格认证制度的成功经验［J］. 考试研究，2006（3）：119－127.

［17］袁兆亿，张谦明，常洪军. 发达国家的职业教育模式及特点［J］. 科技管理研究，2008（5）：157－159.

［18］刘勇. 职业教育发达国家校企合作模式及经验借鉴［J］. 改革与开放，2018，497（20）：9－11.

［19］周国军. 发达国家职业资格认证制度对高职教育的启示［J］. 南宁职业技术学院学报，2007，12（4）：25－28.

［20］王玉龙，刘晓. 职业教育集团化办学：历史、现状与发展策略［J］. 中国职业技术教育，2014（30）：62－66.

［21］赵昕，张峰. 基于产业集群的职业教育专业集群基本内涵与特征［J］. 职业技术教育，2013，34（4）：36－40.

［22］孙从建. 职业学校办学特色的表现与比较［J］. 产业与科技论坛，2012，11

(11)：201 – 202.

[23] 韩天学．中高职贯通：五年制高职一体化培养模式的比较优势［J］．职教论坛，2016（8）：6 – 9.

[24] 孙洁，孙斐斐．高职专科与应用型本科一体化衔接的探索与分析［J］．科技视界，2010（10）：165 – 166.

[25] 赵展，卜树坡．职业院校开展职业培训的有效性研究［J］．职教通讯，2015（8）：22 – 24.

[26] 蒋海忠．技师院校开展社会职业培训的路径选择［J］．管理观察，2018（23）：146 – 147.

[27] Acemoglu，D.，& Pischke，J. S. Beyond Becker. Training in Imperfect Labour Markets [J]. The Economic Journal，1999.

我国文化旅游提质升级对策研究

刘　敏

内容提要： 文化旅游提质升级是支撑高质量发展的重要议题之一，本研究从“文化、旅游”到“文化旅游”，解构广义文化旅游的结构内涵和要素构成，通过投资、收益、供需、消费、关键环节五个维度把脉文化旅游基本特征，采用改进的TSP和社会网络方法追踪游客、企业、政策制定者等行为，多方面识别政策需求，基于此，归纳出托底型、相容型、补齐型、互动型四种文化旅游提质升级类型，并构建起均衡发展模式与机制框架、耦合发展模式与机制框架、区域协同发展模式与机制框架等三类符合文化旅游提质升级方向的模式与机制框架，以“三类协同”推动“四型互促”，着力提高文化旅游发展质量和效益。

一、研究背景和意义

党的十八大以来，以习近平同志为核心的党中央，将加快构建现代公共文化服务体系纳入全面深化改革全局。我国经济已由高速增长阶段转向高质量发展阶段，高质量发展是我国当前和今后一个时期确定发展思路、制定经济政策、实施宏观调控的根本要求，文化旅游提质升级是高质量发展的重要内容。近年来，《“十三五”旅游业发展规划》《“十三五”时期文化旅游提升工程实施方案》《文化部国家旅游局关于促进文化与旅游结合发展的指导意见》等政策文件均聚焦了文化旅游的发展。特别是党的十九大以来，文化和旅游相关行业主管部门合并，文化旅游相关事项被纳入2018年政府工作重点，为提质升级政策制定和实施指明了新的方向。

本课题深入剖析当前文化旅游发展的关键问题，以提高文化旅游发展质量和效益为中心，聚焦改善民生和扩大有效需求，做好公共文化服务托底、补齐遗产保护利用短板、夯实旅游产业发展基础，切实保障广大人民群众的基本文化权益，充分发挥文化旅游在开展公民教育、促进地方经济结构转型升级和社会发展等方面的积极作用，研究得出文化旅游提质升级对策措施和实施路径。

鉴于此，本课题着重回答三个问题。一是文化旅游及其提质升级的基本逻辑关系构成和层次内涵是什么？二是文化旅游提质升级的规律性问题和突出性障碍有哪些，以及针对这些问题和障碍的深层次原因是什么？三是如何建立起未来促进文化旅游提质升级的结构性政策建议和路径措施？并提出与之相对应的模式和机制框架、政策路径等。

二、相关概念的基本界定

（一）文化旅游的定义（狭义和广义，本研究采用广义概念）

广义的文化旅游是指文化和旅游，既包含文化和旅游的公共服务属性，也包含文化和旅游的产业属性，还包括文化和旅游融合发展的相关内容，具体到文化旅游产业，是以旅游经营者创造的观赏对象和休闲娱乐方式为消费内容，使旅游者获得富有文化内涵和深度参与旅游体验的旅游活动的集合，这也是文化旅游的狭义解释。本研究采用广义概念，即文化和旅游。

（二）文化旅游的结构内涵

文化旅游的内涵可以从多个维度进行划分。从属性上划分，包括事业和产业，即公共文化服务与文化产业、旅游事业与旅游产业；从手段上划分，包括文化的保护、传承和利用，以及旅游资源保护和开发等；从空间上划分，涉及一般区域和特殊区域的维度。

1. 事业与产业

公共文化服务是指以政府部门为主的公共部门提供的、以保障公民的基本文化生活权利为目的、向公民提供公共文化产品与服务的制度和系统的总称，包括公共文化服务设施、资源和服务内容，以及人才、资金、技术和政策保障机制等方面的内容；文化产业是从事文化产品生产和提供文化服务的经营性行业，包括新闻信息服务、内容创作生产、创意设计服务、文化传播渠道、文化投资运营、文化娱乐休闲服务、文化辅助生产和中介服务、文化装备生产、文化消费终端生产等相关内容。旅游业是凭借旅游资源和设施，专门或者主要从事招徕、接待游客，为其提供交通、游览、住宿、餐饮、购物、文娱等六个环节的综合性行业，也有事业性质内容与产业性质内容之分。

2. 保护、传承与利用

包括物质的和非物质文化遗产的保护、传承、利用和自然旅游资源的保护、利用。

3. 一般区域与特殊区域

特殊区域是指文化和旅游资源富集的民族地区、贫困地区、革命老区、沿边地区等，如“三区三县”，文化旅游提质升级将在这些地区未来的经济社会发展和富民增收中起到突出的带动作用。

（三）文化旅游的要素构成

从文化要素的构成看，包括以衣、食、住、行为表现形式的物质文化，以艺术、民俗、宗教、制度、法律等为主要内容的社会文化，以社会和生活观念、审美观念等为主要表现的哲学文化，包括“信仰、价值观、规范和法令、符号、技术、语言”六种基本要素。从旅游要素的构成看，既包括“吃、住、行、游、购、娱”等传统要素，也包括“商、养、学、闲、情、奇”等新旅游要素。我们将文化和旅游要素融合叠加，可以将文化旅游的要素归纳为“资源、创意、符号、线路、品牌”等要素集合，其中，资源是指物质文化要素与各种旅游要素的组合，创意是指艺术、民俗等社会文化要素在旅游发展中的运用方式，符号是指生活观念、审美观念等与旅游要素结合所产生的特殊记录方式，线路是指串联文化要素和旅游要素在空间上的组织表现形式，品牌文化要素和旅游要素作用在文化旅游产品上所形成的特殊无形的经济社会价值。

三、文化旅游提质升级的现状特征

（一）投入—产出分析

国家统计局《2017 年国民经济和社会发展统计公报》显示，2017 年文化、体育和娱乐业固定资产投资（不含农户）达 7327 亿元，比上年增长了 18.1%。2016 年，文化及相关产业增加值为 30785 亿元，比上年增长 13.0%；占国内生产总值的比重为 4.14%，比上年提高 0.19 个百分点。

《2017 年中国旅游投资研究报告》显示，全年旅游直接投资超过 1.5 万亿元。在旅游投资总额中，民营企业投资额占比最高，主要投资大型综合类文化旅游项目；政府和国有企业投资相对集中于旅游基础设施、公共服务设施以及旅游村镇类项目。

尽管各地每年的文化事业费呈增长态势，但公共财政对文化建设投入的增长幅度并未显著高于财政经常性收入增长幅度。我国 31 个省（区、市）文化事业财政支出占国家财政支出总额的比例长期在 0.4% 左右，其中，用于农村的文化投入不到 1/3，且公共文化服务投入占比在农村和西部地区呈下降的趋势。国家虽然设立了艺术基金、文化产业基金等，拓宽了文化投入的资金来源渠道，但资金规模相对较小，使用效率普遍不高。

（二）成本—收益分析

《2017 年国民经济和社会发展统计公报》还显示，2017 年，国内游客 50 亿人次，比上年增长 12.8%；国内旅游收入为 45661 亿元，增长 15.9%。入境游客 13948 万人次，增长 0.8%。国际旅游收入为 1234 亿美元，增长 2.9%。国内居民出境 14273 万人次，增长 5.6%。初步测算，全年我国 31 个省（区、市）旅游业对 GDP 的综合贡献为 9.13 万亿元，占 GDP 总量的 11.04%。旅游直接就业 2825 万人，旅游直接就业和间接就业 7990 万人，占我国 31 个省（区、市）就业总人口的 10.28%。2017 年上半年，我国 31 个省（区、市）规模以上文化及相关产业企业营业收入增长 11.7%，以“互联网 +”为主要形式的文化信息传输服务业增速最快。

（三）供给—需求分析

我国已经进入大众旅游时代，与世界上绝大多数国家相比，我国大众旅游的特殊性在于以下三点：一是旅游人口基数巨大且经常出现突发式增量；二是散客化旅游带来的全域化需求；三是文化旅游需求大幅扩张。

通过市场配置资源和更加有效的产业政策，文化旅游供给结构将得到优化，供需平衡由低水平向高水平升级。作为惠民生的重要领域，旅游业被国家确立为“幸福产业”，推动各级政府更加重视文化旅游的发展，增加有效供给。

供需矛盾仍然是今后一段时间我国文化旅游面临的主要矛盾：在特定时间和局部区域必须面对量的供给不足；在服务能力、服务水平上总体存在质的不足，文化旅游与“人民群众更加满意的现代服务业”目标不相适应，文化旅游公共服务及交通等基础设施供给与市场需求不相适应，高质量的文化旅游产品与人们的实际需求不相适应等问题。

（四）收入—消费分析

2017 年，我国 31 个省（区、市）居民人均可支配收入为 25974 元，比上年名义增长 9.0%，扣除价格因素，实际增长 7.3%。其中，城镇居民人均可支配收入为36396元，增长8.3%（以下如无特别说明，均为同比名义增长），扣除价格因素，实际增长6.5%；农村居民人均可支配收入13432元，增长8.6%，扣除价格因素，实际增长7.3%。2017年，我国31个省（区、市）居民人均消费支出为18322元，比上年名义增长7.1%，扣除价格因素，实际增长5.4%。其中，城镇居民人均消费支出为24445元，增长5.9%，扣除价格因素，实际增长4.1%；农村居民人均消费支出为10955元，增长8.1%，扣除价格因素，实际增长6.8%。

近年来，我国城镇居民家庭教育文化娱乐人均消费支出呈现出连年增长的态势，教育文化娱乐人均消费支出已经成为居住支出外支出增长最快的领域。2017年，我国31个省（区、市）居民人均教育文化娱乐消费支出为2086元，占我国31个省（区、市）居民人均消费总支出的11.4%，持续保持了两位数以上的增长速度，对我国31个省（区、市）居民人均消费支出增长形成了有效支撑。

随着深圳文博会、义乌文交会等大型展会的专业化、市场化、国际化水平不断提升，电视电影、数字出版、网络游戏、创意设计等新业态的不断出现，以后各地惠民文化活动的深入开展，文化产品以供给端引领人民群众文化消费不断升级。

（五）关键环节——“效率”分析

按照文化和旅游领域改革的要求，眼于增强和彰显文化自信，统筹文化事业、文化产业发展和旅游资源开发，提高国家软实力和中华文化影响力，推动文化事业、文化产业和旅游业融合发展，是当前文化旅游提质升级的关键环节。从经济和产业角度讲，文化是旅游最好的资源，旅游是文化最大的市场。两大产业相互交融、相得益彰，文化有利于旅游的特色化、品质化、效益化发展。旅游有利于文化的吸引力、竞争力、影响力提升。

1. 资源融合

文化资源和旅游资源有很大的交叉性，具备融合发展很好的基础。文化资源是人类在自身发展过程中创造的物质财富和精神财富，包括物质文化遗产、非物质文化遗产等。旅游资源则包含了文化资源。在国家《旅游资源分类、调查与评价》的8个主类中，就有4个主类（E遗址、F建筑与设施、G旅游商品中的传统手工艺品、H人文活动）涉及文化资源。从我国发展之初，历史文化、文物古迹资源作为重要的旅游资源被开发为旅游产品。20世纪80年代开发的故宫、秦始皇兵马俑、慕田峪长城、秦淮河、陕西历史博物馆等是当时的典型旅游景区。

2. 产品和业态融合

产品和业态是文化和旅游融合的重要形式和核心产物。近年来，随着我国文化和旅游的融合发展的形式、广度和深度的不断推进，催生了一批新产品和新业态，如博物馆旅游、旅游演艺、红色旅游、主题公园、非物质文化的旅游开发、文旅小镇、旅游节庆、文化旅游商品/文创产品等。这些新产品和新业态一方面丰富了旅游产品，扩大了旅游供给，推动了旅游业转型升级；另一方面也借旅游消费的巨大推动力繁荣了文化产业。

3. 项目融合

各级政府创新推出了一批文旅融合的基地、示范区、试验区、园区、工程等，极大地推动了文化和旅游的融合发展。例如，国家全域旅游示范区、国家文化产业示范基地、文化产业示范园区、特色文化产业发展工程、国家文化旅游重点项目、中国文化旅游融合先导区、民族民俗文化旅游示范区、国家文化公园、跨区域特色旅游功能区、省级文化旅游融合发展示范区等，为文化和旅游融合发展拓展了空间。

4. 配套服务融合

原文化部、国家旅游局合作开展业务培训，协助企业培养一批高素质的旅游演出复合型人才。原文化部、国家旅游局合作编制文化旅游人才培训规划，加强文化旅游人才培训。很多地方成立文化旅游基金为文化旅游发展提供金融支持。原文化部、国家旅游局共同合作举办文化旅游项目推介洽谈会，推进文化企业与旅游企业的沟通与合作。

四、阻碍文化旅游提质升级的因素分析

（一）建模思路和模拟过程

1. 建模思路

根据建模思路框架（见图1），假设以下四点。

第一，行动者（游客等）自由选择经过关键节点行动，不存在“抄近道”的情况，即过程路径是不能跳跃或间断的。

第二，各个关键节点之间存在连通性，但是关键节点之间又是相互独立的。

第三，行动者（游客等）的感观和行为不受外界其他因素的干扰和影响。

第四，结果端点与问题端点存在必然的联系，即结果端点能够通过最简洁的关键节点链条反映问题端点的表现特征。

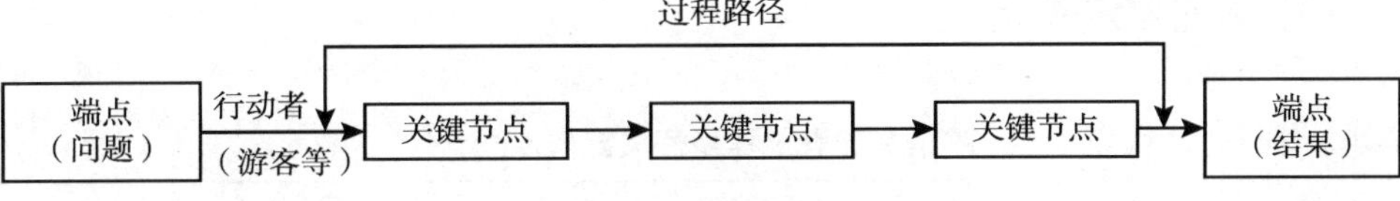

图1 建模思路框架

资料来源：笔者绘制。

2. 关键节点的选择

确立游客、企业、政策制定者为行动者，构成一个三人组结构。我们拟采用改进的社会网络分析的方法，对过程路径中的关键节点进行分析和筛选，详见表1、表2、表3。

（1）游客。

表1 游客过程路径关键节点分析

关键节点	关键节点1	关键节点2	关键节点3	端点
表现	目的地选择	文化旅游线路	文化旅游产品	结果
	1. 文化旅游吸引物和品牌 2. 外部交通及其他配套设施 3. 文化旅游相关信息的可获得性	1. 入口和出口 2. 可选择游线与现实需求的匹配程度 3. 便捷的餐饮、住宿、购物、体验等节点 4. 完善的文化旅游标识系统	1. 产品的新奇性 2. 产品的体验性 3. 产品的娱乐性 4. 产品的划算性 5. 产品的安全性 6. 产品的启发性	1. 产品问题 2. 设施问题 3. 线路问题 4. 标识问题 5. 信息问题

资料来源：笔者研究得出。

（2）企业。

表2 企业过程路径关键节点分析

关键节点	关键节点1	关键节点2	关键节点3	端点
表现	业态选择	产品包装与开发	政策需求	结果
	1. 论证可选择的业态 2. 测算成本—收益 3. 预估业态和产业链前景及繁荣周期 4. 确定进入行业的时点	1. 产品定位与目标市场 2. 产品更新和升级周期判断 3. 产品品牌培育与推广营销 4. 与其他文化旅游资源串联的可能性	1. 人才需求 2. 资金需求 3. 配套设施需求 4. 土地需求 5. 标准需求 6. 抗风险需求	1. 业态问题 2. 产业链问题 3. 要素问题 4. 周期问题 5. 标准问题 6. 进入—退出问题

资料来源：笔者研究得出。

（3）政策制定者。

表3　政策制定者过程路径关键节点分析

关键节点	关键节点1	关键节点2	关键节点3	端点
表现	政策着力点	政策盲点判定	政策调整与更新	结果
	1. 产业政策 2. 区域政策 3. 公共服务政策 4. 其他配套政策	1. 文化旅游发展的趋势规律判定 2. 文化旅游发展的内生矛盾判定 3. 文化旅游发展受区域外部因素的影响 4. 文化旅游要素供给不足还是过剩 5. 文化旅游产品和服务的规范性管理	1. 政策调整的必要性判定 2. 政策调整的组织管理形式 3. 政策调整的起点与门槛 4. 各类标准的制定出台 5. 过剩产能和落后产能的顺畅退出	1. 趋势问题 2. 结构问题 3. 体制机制问题 4. 门槛问题 5. 标准问题 6. 退出问题

资料来源：笔者研究得出。

（二）障碍点及原因分析

1. 产业障碍点

现代文化旅游发展不足，产业关联带动效应未充分发挥，主要表现在旅游产业仍主要局限于“吃、住、行、游、购、娱”等传统要素上，“商、养、学、闲、情、奇”等新旅游要素的体现不足，“资源、创意、符号、线路、品牌”等文化旅游要素集合不足，商品生产与制造、物流与交通运输、金融业等现代文化旅游服务业发展不足。

2. 区域障碍点

互联网＋、大数据等的发展带来了文化产业加速发展，实现了文化产业增加值和固定资产投资的增长。但是，我国文化产业发展无论是在人才、资本、技术基础、产业规模上，还是在品牌、品质、市场、价值创造上，均呈现“东高西低”的态势。文化产业多在大城市形成产业集聚，北京、上海、深圳、广州、杭州等为重要的文化产业中心。乡村文化旅游得到发展，“美丽乡村”建设取得经验，但是城乡差距依然明显，小城镇和乡村文化产业发展的方向和路径依然不够明确。由于文化同源因素的存在，文化旅游发展区域竞争压力大，恶性竞争导致规模效益难以发挥，难以对产业效率的提高形成拉力。

3. 土地障碍点

主要集中在乡村旅游领域。由于乡村旅游点小而分散，连片与集群性较差，对土地利用的要求具有特殊性，当前缺乏具体有效、可操作的政策支持。由于农村建设用地指标较为紧缺，且点状供地和分散供地特征明显，要盘活乡村旅游的整块土地需经多户甚至几十户拥有土地使用权的农户许可，土地集中出让或租赁协调谈判成本高，土地调规和变性程序繁杂漫长，影响乡村旅游发展效率。受制于用地指标，部分民宿采用树下小木屋、凉亭等临时建筑方式拓展经营空间和规避违建风险，打起政策“擦边球”。由于用地指标缺乏，与民宿发展配套的游客服务中心、停车场、旅游厕所、污水处理等公共服务设施建设普遍不足，节假日矛盾尤为突出。

4. 交通障碍点

旅游公路、“四好农村路”等交通设施后期管理维护成本较高，目前尚未出台有效的管理维护机制和办法。省级项目建设资金存在缺口，且发展乡村旅游的地区多受资源环境约束，地方财力有限，配套压力较大。

5. 资金障碍点

中央和地方财政对旅游项目支持资金不足，文化和旅游扶贫专项资金、旅游产业投资基金、政策性低息贷款等覆盖面较小，难以满足文化旅游快速健康发展的需求。旅游从业者融资渠道不足，社会融资成本偏高，由于文化旅游产品升级换代较快，投资回收期长，且需要从业者持续投入资金进行配套设施建设和管理维护，加剧了文化旅游发展的成本负担。

6. 人才障碍点

以乡村旅游为例，从业者特别是一线服务人员大多为当地村民而非旅游专业人员，其综合素质有待提高，有思路、有办法、有带动能力的青年高端人才相对缺乏，人员流动性大，特别是以农村大学毕业生、返乡青年、乡村致富带头人为主体的乡村旅游创业活力不足。各地市随即加强了对乡村旅游管理人员和一线服务人员的分级分类培训，但整体仍存在服务不规范，服务质量和标准不高等问题。乡村民宿发展需要工匠精神，但缺乏旅游工匠精神产生的肥沃土壤。

7. 体制机制障碍点

由于文化旅游组织、协调和管理职能关系尚未完全理清，文化旅游市场秩序尚未理顺，遗产资源保护的有效保障体系尚未建立，存在文化旅游地域功能和生产、服务、管理、协调、集散、创新功能混杂等问题，影响文化旅游市场健康成长和文化旅游提质升级。主要政策着力点多停留在制定规划、改造基础设施等基础阶段，相关政策的引导性、针对性和时效性还有待进一步提升，部分政策缺乏实施细则，容易引起部门间扯皮。

五、文化旅游提质升级的政策需求和主要任务

（一）政策需求

1. 重组地域功能和合理配置要素

针对当前文化旅游地域功能和生产、服务、管理、协调、集散、创新功能混杂等问题，重组地域功能和合理配置要素，需要在以下方面探求政策支撑，一是从经济结构上看，能够满足文化旅游生产和转型升级需要；二是从社会结构上看，能够组织居民生活和文化旅游生活；三是从空间结构上看，能够构筑城市生态和文化旅游生态，促进城市对内、对外功能的各种文化旅游生产、生活要素相互依赖、相互关联所形成的具有相对稳定性结构的体系。

2. 完善交通设施和引导消费者流动

交通设施除承担城市居民住宅、工作地的连接功能之外，还要承担文化旅游、休闲和休憩地点相互之间的连接功能，通过通达的交通运输道路网络和便利的交通工具供给，保证消费者和当地居民转换地点的需要。道路交通设施的不完善是制约文化旅游提质升级的突出问题，高速公路、高速铁路过境接驳，文化旅游线路通道高效打通，需要从政策角度予以支持，完善文化旅游交通基础设施，含高速公路、高速铁路、国际机场、旅游客运场站和旅游集散换乘接驳点等，有序引导消费者集聚和分流。

3. 培育产业载体和优化产业体系

促进文化旅游同农业、体育产业、信息产业等的融合是旅游延长产业链、增加附加值的有效途径。从政策需求的角度分析，未来应着眼于如下几个方面：一是引导跨界整合、融合发展的文化旅游供给侧改革新路径，促进全域联动；二是推进“文化旅游+”投资、消费、养老、健康、研学、生态等，扩大新的文化旅游有效供给，发挥文化旅游的综合拉动作用；三是推进“+文化旅游”，主动衔接，发挥文化旅游的催化、集成作用，推进交通、城镇、农业、商务、工业、体育等传统产业与文化旅游叠加，增加文化旅游内容和配套设施，创造新价值，打造新增长点。

4. 健全管理体制和促进区域协同

由于文化旅游组织、协调和管理职能关系尚未完全厘清，文化旅游市场秩序尚未理顺，遗产资源保护的有效保障体系尚未建立，影响文化旅游市场健康成长和文化旅游提质升级。解决这些问题，其政策需求主要表现在以下四个方面：一是明确地方政府的作用，成立由地方政府牵头的协调组织机构，构建起

具有实质操作性的区域内外文化旅游发展的协调联动机制；二是推进文化旅游改革创新，明确区域文化旅游发展思路和方向；三是改革统计制度，建立、健全文化旅游核算体系，利用信息化手段提高统计服务决策、引导产业发展的能力等；四是整合包括文化旅游部门在内的各个部门的治理整顿政策，提升文化旅游消费各个环节的透明度，充分保障消费权益。

5. 创新文旅机制和强化配套支撑

近年来，全域旅游、乡村旅游、文化产业、公共文化服务、文化遗产保护等相关政策密集出台，各地落实相关政策极大地促进了文化旅游的发展，但从当前主要政策着力点来看，多停留在制定规划、改造基础设施等基础阶段，相关政策的引导性、针对性和时效性还有待进一步提升，部分政策缺乏实施细则，容易引起部门间扯皮。随着各种类型文化旅游设施的用地需求急剧增长，用地供需矛盾日趋凸显，且受主体功能区、自然保护区和遗产保护等的限制，可供使用的用地指标大幅减少，探寻有保护的文化旅游用地适度突破是政策需求的方向。此外，人才、资金、信息、服务标准等资源的有效盘活和引进也是未来政策需要解决的突出问题。

（二）主要任务

1. 文化旅游公共服务提质升级（托底型提质升级）

（1）完善公共文化服务体系，深入实施文化惠民工程，丰富群众性文化活动，推进基本公共文化服务的标准化、均等化。

（2）全面贯彻落实《中华人民共和国公共文化服务保障法》《中华人民共和国公共图书馆法》，以及《中华人民共和国博物馆条例》《公共文化体育设施条例》等法律、法规，创新管理和服务方式，提高依法行政能力和水平。

（3）推动“互联网 +”的不断发展，强化平台管理，实现百姓“点单”。

（4）推动各地深入贯彻落实《“十三五”时期贫困地区公共文化服务体系建设规划纲要》，深入实施边疆万里数字文化长廊建设、中、西部贫困地区公共数字文化设施提档升级等项目，进一步推动贫困地区公共文化服务体系建设。

（5）加大政府性资金投入，扩大专项建设基金支持范围，完善政府与社会资本合作（PPP）机制，通过特许经营、注入资本、公建民营、购买服务等方式调动文化旅游领域社会资本参与积极性。

（6）完善旅游基础设施。

2. 文化和旅游产业融合发展（相容型提质升级）

（1）对文化和旅游领域的相关管理规范、行政条例、项目审批、行业标准进行必要的整合。

（2）建立统一的文化和旅游业统计体系、产业核算体系和政府考核体系等。

（3）梳理文化和旅游领域的各种国家级基地、示范区、试验区、园区、工程等，对其进行分类整合。

（4）兼顾当地居民和外来游客的需要，对各级各类公共文化设施和公共旅游设施进行整合，充分发挥公共文化服务设施的旅游功能。

（5）选择部分依托国有资源建立的重点景区景点，实施与博物馆、文化馆等类似的管理体制和门票价格管理制度。

（6）打通文化和旅游的教育体系及人才培养渠道，培养复合型人才等。

3. 文化遗产保护传承利用（补齐型提质升级）

（1）做好文物保护工作，抢救保护濒危文物，实施馆藏文物修复计划，加强新型城镇化和新农村建设中的文物保护。

（2）加强历史文化名城名镇名村、历史文化街区、名人故居保护和城市特色风貌管理，实施中国传统村落保护工程，做好传统民居、历史建筑、革命文化纪念地、农业遗产、工业遗产保护工作。

（3）实施非物质文化遗产传承发展工程，进一步完善非物质文化遗产保护制度。实施传统工艺振兴计划。

（4）推进国家文物大数据公共服务平台建设，联合产、学、研、用单位实施，形成一个混合云支撑环境、一个大数据处理分析系统、一个文物公共服务门户、一套数据共享开放制度体系。

4. 文化旅游带动区域经济社会发展（互动型提质升级）

（1）推动文旅融合产生的新业态、新产品、新商业模式、新技术、新 IP、新媒体等拓展延伸文化和旅游产业链，形成政府驱动下的多个产业的互动发展。

（2）文化渗透进入旅游，形成多元化的旅游产品，形成多样化的文化旅游收益结构，以旅游带动多产业聚集，增加当地就业岗位，为大众创业创新提供良好的平台，带动当地老百姓增收致富。

（3）旅游过程中融入文化元素，增加旅游的体验感，提升旅游产品吸引力，促进消费与人气的聚集，从而提升文化旅游企业的盈利能力，推动文化旅游企业良性发展。

六、文化旅游提质升级的模式设计

拟采取逻辑框架图的方式，借鉴国内外先进案例经验，构建 3 种符合未来文化旅游提质升级方向的模式与机制框架，对标文化旅游提质升级的主要任务。

（一）均衡发展模式与机制

主要对应文化旅游公共服务提质升级（托底型提质升级）、文化遗产保护传承利用（补齐型提质升级）两项任务。均衡发展模式的关键在于，文化和旅游双方面的提质升级，“两条腿”都要快。与目标人群相匹配的文化要素和旅游要素构成了特定的文化旅游生态链，相关企业和相关部门在文化旅游生态链和生态结构构成中起主导作用，社区居民、社会组织等参与其中，政治、经济、社会、生态环境是制约文化旅游（含文化遗产保护）均衡发展的外部因素，文化旅游均衡发展的目标在于“资源、创意、符号、线路、品牌”等要素有效集合和效率提升。

（二）耦合发展模式与机制

主要对应文化和旅游产业融合发展（相容型提质升级）的任务。文化是旅游的灵魂，旅游是文化的重要载体，文化和旅游融合的要求构筑耦合发展的模式和顺畅的耦合发展机制框架。文化旅游耦合发展的关键在于，旅游要素通过资源、市场、技术、功能等实现路径，在消费者需求、市场竞争等内生性动力和政策支持、科技进步等外生性动力的共同作用下，形成开发型、体验型、再现型、创造型等文化旅游产品，形成旅游文化；而文化要素通过开发型、体验型、再现型、创造型改造和更新，在消费者需求、市场竞争等内生性动力和政策支持、科技进步等外生性动力的共同作用下，创造出文化的旅游资源、市场、技术、功能等，实现从文化到文化旅游的价值增值。

（三）区域协同发展模式与机制

主要对应文化旅游带动区域经济社会发展（互动型提质升级）任务。跳出文化旅游本身，从外部看，文化旅游对区域经济社会发展具有正向的推动作用。文化旅游区域协同发展模式的关键在于，实现区域文化旅游的战略协同、文化协同和组织协同，政府、市场、企业、游客是文化旅游区域协同发展的行为主体，政府通过政策制定和引导推动跨地区文化旅游资源的整合和创意技术升级，推动培育形成新型文化观，实现文化旅游的区域联动；市场通过对接区域文化旅游产品和服务的供给与需要，通过要素整合和区域市场一体化等手段，实现文化旅游的区域协同发展；企业则通过产品创新和理念创新参与到文化旅游的区域协同发展中，同时借助政府和市场的双重力量确定所扮演的角色；游客作为文化旅游消费的源头，则通过自身的文化认同选择获取文化旅游消费的区域市场和产品服务。

七、文化旅游提质升级的政策路径

（一）把握区域发展动向特征，有序规划文化旅游空间

文化旅游的发展首先要符合区域发展阶段特征和产业布局发展规律，各地要把握供给和需求耦合规律。要打破地区间、部门间、产业间、行业间等文化要素资源的障碍和传统的文化意识形态，以文化企业为主体，充分发挥市场机制在区域发展中资源配置的基础性作用，实现文化、科技、人才、资金等文化要素资源的自由流动。要瞄准文化旅游市场空间，测算文化旅游市场需求，深化文化旅游供给侧结构性改革，坚持规划先行，避免产生“一哄而上”的乱象。要强化全域联动，确立文化旅游发展的优先序和功能空间，对不适合发展文化旅游的重要生态空间行使限制权。要转变传统的区域协调模式和自上而下的文化旅游要素资源配置方式，加大区域横向文化旅游要素资源整合和协调，处理好资源同质地区的文化旅游发展竞合关系。构筑跨区域的文化旅游要素展示、交流和交易平台，逐步实现文化旅游协调空间的向外拓展。

（二）创新公共文化服务方式，丰富文化旅游融合内容

整合公共文化服务资源，加快公共文化服务供给与消费相结合，使公共文化服务从单一系统的“内循环”逐步转为面向社会的“大循环”，从而进一步提高公共文化服务水平，形成规模服务功能和效应。树立区域间、城市间、城乡间公共文化服务设施及内容共享的理念，继续优化公共文化服务设施和服务质量，推动公共文化服务与旅游发展共建共享，提高区域文化旅游协调发展效率。

（三）适度超前培育接续产业，强化全链条自循环能力

大力发展民宿经济、休闲经济、品牌经济、海岛经济等新经济形态，探索“文化旅游 +”的新业态，促进文化旅游产业链纵向拉长、横向拓展。利用“互联网 +”等手段，积极培育文化旅游接续产业。完善文化旅游基础设施，加大文化旅游品牌培育和提升力度，构建品牌产品、服务和标识体系，通过观念引导、政策扶持、技术支撑等多措并举，不断提升文化旅游的知名度。

（四）规范设置准入退出机制，引导文化旅游健康发展

针对文化旅游的大规模扩张和可能存在的过度集聚等问题，要未雨绸缪，先行制定准入、退出机制，规范门槛性和淘汰性管理。对于快速兴起且势头强劲的民宿经济等新业态，相关部门要科学测算年度容量，合理设置准入指标和标准，新进入民宿要严格符合准入要求。设立民宿退出淘汰标准，确立民宿退出淘汰机制，对于年度考核达到退出淘汰标准的民宿限期整改或勒令退出。严格控制新增建设用地、建设住宅用于开办民宿。

（五）出台行业服务标准规范，提高统一治理管控能力

围绕从业资格、环境条件、公共服务、服务项目、安全条件、经营服务质量、定价机制等主要方面，制定出台行业服务标准规范，强化文化旅游国家标准管控。搭建地市文化旅游互联网服务平台，及时发布客流预警信息，协调配置好配套公共交通、住宿、泊车等服务资源。不断加强文化旅游地社会治理综合管控，及时调解各类纠纷，确保游客出游顺畅、安全。

参考文献

［1］马勇，王宏坤．基于全产业链的我国文化旅游发展模式研究［J］．世界地理研究，2011（12）：143－148.

［2］胡浩，王姣娥，金凤君．基于可达性的中小文化旅游城市旅游潜力分析［J］．地理科学进展，2012（6）：808－816.

［3］侯兵，黄震方．文化旅游区域协同发展的空间认知分异——以南京都市圈为例［J］．旅游学刊，2013（2）：94－100.

［4］张琰飞，朱海英．西南地区文化产业与旅游产业耦合协调度实证研究［J］．地域研究与开发，2013（4）：16－21.

［5］祁述裕．文化事业与旅游产业融合发展关键在取长补短［J］．北京文化创意，2018（7）.

［6］翁钢民，李凌雁．中国旅游与文化产业融合发展的耦合协调度及空间相关分析［J］．经济地理，2016（1）：178－185.

［7］张贺．辉煌“十二五”：我国文化改革发展成就辉煌［N］．人民日报，2015－10－10，http：//theory.people.com.cn/n/2015/1010/c40531－27680654.html.

［8］程晓丽，胡文海．皖南国际旅游文化示范区文化旅游资源整合开发模式［J］．地理研究，2012，31（1）：169－177.

［9］俞万源，邱国锋，曾志军等．基于文化生态的客家文化旅游开发研究［J］．经济地理，2012，32（7）：172－176.

［10］卢世菊．湖北武陵山区民族文化旅游创意产品开发的思考［J］．资源开发与市

场，2013，29（3）：333－336.

［11］王耀斌，孙传玲，蒋金萍．基于三阶段 DEA 模型的文化旅游效率与实证研究——以甘肃省为例［J］. 资源开发与市场，2016，32（1）：125－128.

［12］Craik J. The culture of tourism［J］. Touring Cultures：Transformations of Travel and Theory，1997（1）：113－136.

［13］Reinhard Bachleitner，Andreas H. Zins. Cultural Tourism in Rural Communities：The Residents' Perspective［J］. Journal of Business Research，1999（44）：58－81.

［14］Pine B. J，Gilmore J. H. The Experience Economy［M］. Cambridge：Harvard University Press，1999.

［15］KHALIDSAH. Cultural Sustainability：An Asset of Cultural Tourism Industry［R］. University of Turin，Working Paper，2005：1－11.

［16］Connel J. Film Tourism Evolution，Progress and Prospects［J］. Tourism Management，2012，33（5）：1007－1029.

［17］Csapo J. The Role and Importance of Cultural Tourism in Modern Tourism Industry［M］. INTECH Open Access Publisher，2012.

［18］Kole SK. Dance，representation，and politics of bodies：“thick description” of Tahitian dance in Hawaiian tourism industry［J］. Journal of tourism and cultural chance，2010，8（3）：183－205.

我国流动人口健康保障研究

范宪伟

内容提要：大规模的人口流动迁移仍将是我国［本文指除我国港、澳、台地区外，31个省（区、市）］人口发展及经济社会发展中的重要现象，但流动人口健康问题是现有公共服务体系中的薄弱环节。目前，我国流动人口健康档案建档率远低于户籍人口、医疗保险参保率低于我国平均水平，传染病和感染性疾病、生殖系统疾病、职业危害与生产事故和心理问题与精神疾病是流动人口常见的健康问题。利用中国综合社会调查（CGSS）2015年度调查数据，采用描述性统计分析和回归分析方法，笔者对流动人口存在“健康移民效应”“健康损害效应”和“返乡效应”进行了实证检验，结果发现：一是我国农村流动人口存在健康移民效应，即农村流动人口在进入城镇之初健康状况要好于城镇本地工作人员；二是农村流动人口存在明显的健康损耗效应，即随着工作年限的不断增加，其身体健康状态将比城镇本地居民健康状况下降得更严重，从而使得农村流动人口的身体健康状况趋向差于城镇本地居民的身体健康状况；三是经过健康损耗后，身体健康较差的农村流动人口选择了返乡。基于研究结论，给出了完善流动人口服务政策、提升流动人口服务质量等对策建议。

一、问题的提出

流动人口作为改革开放后中国转型发展期产生的一种特殊的社会经济现象，是中国经济社会快速发展时期城镇化、工业化和现代化进程的重要推动力量。2011~2016年，我国流动人口总量呈现先增后降趋势，2016年，我国流动人口总量达到2.45亿人，占全部人口的比重约18%。尽管6年来流动人口在总人口中的占比有升有降，但仍保持较大比重。在今后较长一段时期，大规模的人口流动、迁移仍将是我国人口发展及经济社会发展中的重要现象。中国规模庞大的流动人口为城市提供了大量的劳动力，缓解了部分城市劳动力供需矛盾，促进了城市工业和商业的发展，成为城镇化、工业化过程中推动社会进步发展的重要力量。但与此同时，以农民工为主要代表的流动人口所从事的一般是城市人不愿干的脏、累、险、差的工作，大量流动人口进入建筑业、制造业等行业，工作环境往往与“有毒”“粉尘”“噪音”“潮湿”“高空”等这些关键词有密切联系。流动人口的劳动强度大，工作时间长，往往 1 周工作 6 天以上。受我国城乡二元制结构的限制，流动人口难以享受城市基本公共服务，在流入地的劳动力市场和社会生活中难以获得当地户籍人口拥有的机会、福利、保障与服务。较为严峻的工作和生活环境，不均等的基本公共服务，促使流动人口健康保障受到较大挑战，[①] 如，流动人口职业相关疾病和伤害发生风险较大，增加了传染性疾病的传播机会，新生代流动人口的生殖健康问题较为突出等。

2016 年，健康中国上升为国家战略，占总人口 1/6 的流动人口健康问题是现有公共服务体系中的薄弱环节。党的十九大提出“要完善国民健康政策，为人民群众提供全方位、全周期健康服务”的号召。流动人口自身的健康状况，不仅与他们对未来生活的预期息息相关，更会改变城乡之间健康人口的分布趋势，进而对整个社会医疗资源的分配产生重大影响，也会对政府医疗服务的供给和卫生政策的制定提出严峻挑战，应对规模庞大的人口流动和其不断增长的健康服务需求是我国流动人口健康工作的重点之一。做好流动人口健康服务，有助于我国人力资本的积累，有助于推动经济中高速增长。提升流动人口的健康水平，有利于提高劳动生产率，缓解劳动力增量下降对经济增长的影响；有利于降低疾病发生率，节约医疗费用，形成社会进步、经济发展的良性循环。有助于改善健康的公平性，有助于增加群众的获得感。

国际上一般只有“迁移”概念，而没有“流动”概念，国外学者对健康与移民选择关系的讨论最早始于流行病学的研究发现，学者们偶然发现有移民背景的人群在发病率和死亡率等健康指标上的表现要优于本地居民，即“流行病学悖论”（Markides K. S. ，Coreil J. ，1986）。对这一悖论的解释，学术界产生了两种经典的理论假说。一是“健康移民假说”，即移民对身体健康状态存在内在的选择性，健康状况较好的迁移者有更强烈的意愿和能力进行迁移，由此造成迁移者的健康状况普遍好于迁入地居民（Abraído-Lanza et al. ，1999）。国外大多数研究发现“健康移民效应”存在，即使控制了移民的来源国，新

① 《“十三五”全国流动人口卫生计生服务管理规划》指出，我国流动人口绝大多数年富力强，但健康素养和卫生意识较为缺乏，身体健康和心理健康问题容易被个人、企业和社会所忽视。

迁移者同样比本地出生居民的身体健康状态更好（McDonald J. T. & Kennedy S, 2004；Biddle N. & Kennedy S. et al., 2010）。二是“三文鱼偏误效应”，即由于无法有效地享受居住地的公共服务等，迁移者的健康状况将随着时间的推移而下降，恶化的健康状况降低了迁移者的竞争力，迫使其返回迁出地，即经典的“三文鱼偏误效应”（Findley，1988；Antecol & Bedard，2006）。

由于城乡二元体制的原因，我国不同区域间大规模的人口流动，实际上与国际移民有很多相似之处（Roberts K. D.，1997；Solinger D. J.，1999）。基于“健康移民假说”分析框架，我国大多数学者研究结果发现，流动人口健康状况普遍优于本地城市居民，即我国流动人口存在着明显的“健康移民效应”（齐亚强等，2012；易龙飞，2014；和红等，2018）。随着流动人口在迁入地的工作、生活，流动人口的健康优势逐步减弱，与迁入地居民的健康状况逐渐趋同，甚至更差（牛建林等，2011；和红等，2018），遭受健康冲击后，流动人口将被迫返回流出地（齐亚强等，2012；秦立建，2014），即“三文鱼偏误效应”在我国同样存在。

基于此，在新时代背景下，深入研究流动人口公共健康保障问题，对推动基本公共服务均等化、全面建成小康社会、实现经济社会高质量发展等具有重要的意义。

二、文献综述

（一）概念界定

流动人口是在中国户籍制度条件下的一个概念，目前尚无明确、准确和统一的定义。国际上，类似的群体被称为“国内移民”（internal migration）。我国学术界与政府条例对流动人口概念的内涵，大多从时间、空间、户籍、流动目的方面来界定。在时间与空间上，流动人口是指在一定地理区域内发生短暂流动行为的居民，《中国大百科全书社会学卷》对“流动人口”的定义为：“暂时离开常住地的迁移人口。”这与国际上通用的迁移人口不同之处在于国际人口科学联盟主持编写的《多种语言人口学辞典》将“迁移”的时间定义为“永久性”，强调足够长的时间。国家卫生和健康委员会流动人口服务中心每年发布的流动人口动态监测报告中的流动人口是指在流入地居住一个月及以上，非本区（县、市）户口的15岁及以上流入人口；而国家统计局历次人口普查中的流动人口是指居住地与户口登记地所在的乡镇街道不一致且离开户口登记地半年以上的人口。《流动人口计划生育工作条例》中的流动人口是指离开户籍所在地的县、市或者市辖区，以工作、生活为目的异地居住的成年育龄人员。本研究中流动人口数据来源于国家卫生和健康委员会流动人口服务中心，因此，流动人口是指在流入地居住一个月及以上，非本区（县、市）户口的 15 岁及以上流入人口。

关于健康的内涵，在早期的人类社会，健康被认为是神灵赐予人类获得生存和延续生命的"礼物"。后来随着医学的发展，人们发现利用某些天然药物，人类可以抵抗疾病、延续生命，当时人们将健康理解为简单的生理健康，即达到不生病的状态。进入 20 世纪中期以后，随着人们认识的深入和生活方式的不断变化，健康的内涵不断发展，由过去单一的生理健康（一维）发展到生理、心理健康（二维）又发展到生理、心理、社会良好（三维）。世界卫生组织（1948）在其宪章中将健康概念定位为："健康不仅仅是没有疾病和身体虚弱，而是身体、心理和社会适应的完美状态"的"三维"健康观。在"三维"健康观下，1978 年世界卫生组织（WHO）提出了衡量是否健康的十项标准，包括精力充沛、精神状态正常、合理饮食、应变能力强等。1984～1989 年，世界卫生组织又对健康理念进行了丰富和修改，提出："健康不仅仅是没有疾病和虚弱，而是生理、心理社会适应能力和道德上的完美状态"的"四维"健康概念。

国际相关研究认为，人口流动并非身体的简单位移，它往往意味着地理、文化环境、个体的社会地位以及生活方式的变化，势必会对健康状况产生影响。从流行病学的角度看，一方面流动人口能扮演病源携带者的角色，将各种病菌或者寄生虫传播到原本不存在这些病源的地方；另一方面，流动人口将暴露于流入地特有的病原，成为健康威胁的受害者。再则，流动人口工作强度和压力较大，工作环境相对较差，高强度、高时长和较差的工作环境促使其健康状况容易遭受损害，这种健康危害不仅仅生理健康危害，可能对流动人口心理和道德健康都会产生危害。在本研究过程中，受制于数据等方面的限制，本研究实证部分流动人口健康仅仅包括生理健康，即身体健康的范畴。

（二）流动人口研究文献计量分析

中国知网知识发现网络平台数据显示，2008～2017 年，国内学者以流动人口健康或农民工健康为主题发表的文献共计 1012 篇文献。剔除掉广告、会议综述、会议通知后，共计 998 篇（见图 1）。

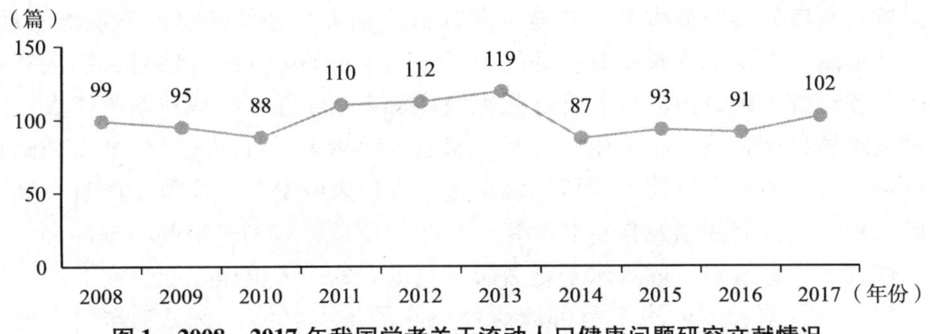

图1　2008～2017年我国学者关于流动人口健康问题研究文献情况

资料来源：笔者整理。

1. 流动人口文献发文时间分析

从发表文章的时间上看，2013年为重要的节点，2008～2013年流动人口健康研究论文呈现出波动中上升的趋势，从2008年的99篇，上升到2012年的112篇。2013年流动人口健康研究文献达到峰值，发文达到近120篇。2014年相关研究开始回落，仅有87篇。2015～2017年发文量虽然较2014年有所上升，但均不足百篇。

2. 流动人口健康研究热点内容

（1）心理健康。心理健康问题是移民社会融入后果的重要关注点。农民工的心理健康状况总体不佳，抑郁、自卑、孤独、紧张、焦虑、彷徨、压抑、怨恨、人际敏感、心理失衡、精神压力大、缺乏安全感和归属感等问题均在该群体身上有所体现。

（2）身体健康。流动人口性行为态度和安全套的使用态度存在较为严重的问题。流动孕产妇保健状况落后，流动人口性传播疾病高发，已经成为具有婚前性行为、常发生意外怀孕的高发群体，且女性比男性更容易受到伤害。流动人口是传染病、职业病的高发人群，在各类慢性疾病及意外伤害方面存在较大风险。

（3）健康教育。流动人口缺少基本的生殖保健意识，缺乏艾滋病相关知识和保护自己避免受到感染的技能。健康知识获取主要集中在优生优育、健康保健等方面，对各种疾病防治方面的知识获得不足。流动人口想要获得的健康知识从高到低依次为传染病防治、职业健康、慢病防治和心理健康、生育与避孕需求最低。可见，流动人口健康教育的供给与流动人口健康知识的需求之间存在一定的错位。

（4）影响因素。流动人口的健康受到多种因素的影响，归纳起来主要可分为宏观的制度因素、中观的家庭因素、社会支持因素以及微观的个体因素。

我国流动人口公共服务体系不健全，尤其是流动人口公共健康服务供给不足，且质量不高，不少地区既没有明确的关于流动人口的公共服务项目，也没有相关的服务经费在预算中体现。良好的家庭环境有助于缓解歧视对新生代农民工心理健康的消极影响。相关研究显示，家庭规模越大，流动人口的个人健康状况越好。良好的社会支持不仅可以满足流动人口人际交往的需要，而且有利于帮助流动者获得周围以及自身利益相关的各种信息，有利于平衡心理冲突。年龄、性别、教育水平、收入水平显著影响流动者的个人健康状况。

（5）研究对象。农民工是健康研究关注的重点群体，农民工作为主题词出现的频次是 217 次。还有是流动人口，流动人口作为主题词出现的频次是 207 次。从代际视角来看，新生代农民工是仅次于农民工、流动人口之外的第三大重点关注群体（见表 1）。

表 1　　2008 ~ 2017 年我国流动人口健康文献高频关键词

年份	关键词	频次（次）
2008	农民工	217
2009	流动人口	207
2010	新生代农民工	75
2011	影响因素	64
2012	心理健康	47
2013	生殖健康	45
2014	艾滋病	41
2015	健康教育	40
2016	人力资本	19
2017	健康服务	36

资料来源：笔者整理。

3. 不同时间段流动人口健康研究的重点

第一个阶段是 2008 ~ 2010 年，这一阶段流动人口健康研究关注的重点是流动人口的生殖健康状况及医疗保障情况。在新医改的大背景下，这一阶段的流动人口健康研究一方面关注流动人口的生殖健康相关问题，另一方面关注流动人口的医疗保险、医疗保障的参与状况以及医疗保险的转移接续以及报销等问题。

第二个阶段是 2011 ~ 2012 年，这一阶段流动人口健康相关研究在研究对象方面发生了明显的变化。新生代农民工、流动儿童是流动人口相关研究中关注的重点研究对象。

第三个阶段是2013～2017年，这一阶段有关新型城镇化、农民工市民化的政策相继出台。因此，以新型城镇化、农民工市民化为背景的流动人口健康研究成为这一阶段研究的重要关切及前沿。

（三）关于流动人口健康问题的实证研究

1. 关于流动人口健康度量的研究

从学术界对健康内涵讨论的阶段划分来看，人们对健康的认识也经历了从单一的生理健康（一维）到更多维度的生理心理健康（二维）、生理心理社会良好（三维）和生理、心理、社会适应能力和道德上的完美状态（四维）的过程。目前，世界卫生组织“四维”健康的理念得到了学界的广泛认可，学者们一般从人体测量指标（如身高、体重等）、死亡率、健康导致的工作受限程度、健康导致的日常生活功能性受限程度、是否存在某些慢性或急性的疾病、健康导致的对医疗服务的需求、对精神健康等指标的临床评估、自评健康八个方面来衡量个人“四维”健康状态（Currie & Madrian，1999）。学术界对“四维”健康状态的评价体系尚未形成一个统一的共识。受数据的可获得性的限制，大多数学者在实证研究中采用自评健康指标来衡量流动人口健康状态（Allison & Foster，2004；牛建林，2013）。

2. 关于流动人口健康选择机制的研究

国外学者对这一关系的讨论最早始于流行病学的研究发现，学者们偶然发现有移民背景的人群在发病率和死亡率等健康指标上的表现要优于本地居民，即“流行病学悖论”（Markides K. S. & Coreil J.，1986）。对这一悖论的解释，国际学术界产生了两种经典的理论假说：一是“健康移民假说”，即移民对身体健康状态存在内在的选择性，健康状况较好的迁移者有更强烈的意愿和能力进行迁移，由此造成迁移者的健康状况普遍好于迁入地居民（Abraído-Lanza et al.，1999）。国外大多数研究发现“健康移民效应”存在，即使控制了移民的来源国，新迁移者同样比本地出生居民的身体健康状态更好（McDonald J. T. & Kennedy S，2004；Biddle N. & Kennedy S. et al.，2010）。二是“三文鱼偏误效应”，即由于无法有效的享受居住地的公共服务等，迁移者的健康状况将随着时间的推移而下降。恶化的健康状况降低了迁移者的竞争力，迫使其返回迁出地。

由于城乡二元体制的原因，我国不同区域间大规模的人口流动，实际上与国际移民有很多相似之处（Roberts K. D.，1997；Solinger D. J.，1999）。基于

“健康移民假说”分析框架，我国大多数学者研究结果发现，流动人口健康状况普遍优于本地城市居民，即我国流动人口存在着明显的“健康移民效应”（齐亚强等，2012；易龙飞，2014；和红等，2018）。随着流动人口在迁入地的工作、生活，流动人口的健康优势逐步减弱，与迁入地居民的健康状况逐渐趋同，甚至更差（牛建林等，2011；和红等，2018），遭受健康冲击后，流动人口将被迫返回流出地（齐亚强等，2012；秦立建，2014），即“三文鱼偏误效应”在我国同样存在。

3. 关于流动人口健康影响因素的研究

健康信念模式理论认为自我健康促进行为或戒除某种危害健康的行为会影响健康水平。家庭健康生产的需求理论认为医疗服务、收入、环境污染、生活方式等是影响健康的主要因素（Grossman M.，1972）。基于上述理论，国际学者研究发现，收入、居住环境、社会支持等是影响移民健康状况的最主要因素。保持其他条件不变，个人收入越高，健康状况越好，反之亦然，即著名的“收入—分层现象”（Frederiksen H.，1966）。较差的住房条件会对移民的身体健康造成最直接的影响（Krieger J. & Higgins，D. L.，2002），移民在迁入地城市的边缘地位，可能受到政府和当地居民的歧视和排斥，导致其精神健康恶化（Caplan，2007）。国内学者对流动人口健康影响因素的实证研究发现，健康意识不足、健康成本较高等主观因素及居住和工作环境、生活方式等客观因素是影响流动人口健康的主要原因。“自感病轻”与“经济困难”是流动人口不愿去门诊就诊的主因，即便有些人就医后，仍大量存在“应住院未住院”的现象。除医药费，流动人口就医还需要付出旷工与病假等“健康成本”，许多流动人口选择“扛一扛”（葛学凤等，2004）。相对于其他社会经济因素而言，生活和工作环境对外来人口的健康具有更为突出的影响（牛建林等，2011）。青年流动人口的健康状况更多地受心理状态和生活方式的影响（杜本峰、俞巧妮，2013）。

（四）研究述评

目前，国内学者通过描述性调查或微观调查数据实证检验，论证了我国流动人口存在“健康移民假说”“三文鱼偏误效应”。国内学者取得了一定的研究成果，本研究认为在以下三个方面仍可进一步提升。

一是两大假说仅是实证结论，缺乏理论基础和科学严谨的研究工具，现有研究既没有揭示流动人口及其健康影响因素间的内在作用机理和传导路径，也没有得出流动人口、影响健康的因素及健康等各变量相互作用路径系数，结论的深入性、有效性有待加强和进一步验证，如果能以该领域涉及的管理学、卫生经济学、社会心理学相关知识为基础开发出特定的理论体系，以更为先进的研究工具为手段对理论进行验证与升华，将能得出更为有理论深度和现实意义的结论。

二是现有关于流动人口健康影响因素研究，或是流动人口的自我评定，或是对健康某一维度的评判，这种评判主观臆断性较强，不能客观、科学合理地评判流动人口健康状况，需多维度、全方位、多层次地对流动人口总体健康状态进行测评。对此，本课题在前人研究的基础上进行了深入提升，力求对当前研究领域形成有益的补充。

三是国内学者对我国流动人口健康状况的研究虽然较多，但相关研究或通过调查问卷或通过案例分析等小样本数据，对流动人口某一方面的特征与健康的关系进行探讨，较少有学者对我国流动人口整体的健康状况进行实证探讨，验证“健康移民假说”在我国是否成立。同时，没有学者分析我国流动人口健康耗损效应是否存在。

三、我国流动人口健康状况

（一）健康档案建档率远低于户籍人口

在流入地居住半年及以上的流动人口中，有33.1%在所在社区建立了健康档案，远低于户籍人口建档率（截至2015年底，我国居民电子健康档案建档率达到76.4%）；其中，非农业户籍的流动人口建档比例（达35.3%）高出农业户籍流动人口2.7个百分点；此外，有26.0%的流动人口表示听说过，但没有建立健康档案。

从接受健康教育的途径来看，宣传资料（纸质、影视）是接受健康教育的最主要方式，有84.7%的流动人口通过此途径接受健康教育，其次是宣传栏（达75.2%），通过个性化面对面咨询的仅为26.7%。

（二）自评健康状况相对较好

从自评健康的角度来看，流动人口健康状况以“健康”和“基本健康”为主，“不健康，但生活能自理”和“生活不能够自理”的比例较低。自评健康的比例高达82.9%，“基本健康”的比例为14.9%，“不健康，但生活能自理”和“生活不能够自理”的比例仅占2.2%（见图2）。

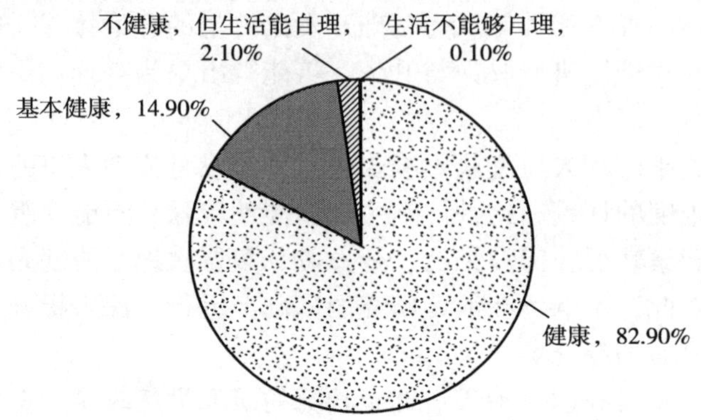

图2　我国流动人口自评健康状况

资料来源：笔者根据《中国流动人口发展报告（2018）》整理。

（三）患病率和健康管理比例双双低于我国31个省（区、市）平均水平

流动人口患有医生确诊高血压的比例为4.3%，患有Ⅱ型糖尿病的比例为0.8%，均远低于我国31个省（区、市）的平均水平。《中国心血管病报告2017》数据显示，我国高血压患病率为19.29%。《世界卫生组织糖尿病报告2016》数据显示，我国成年人有近10%的人口患糖尿病。在患有慢性病的流动人口中，仅32.5%的人口接受过本地社区卫生服务中心或乡镇卫生院免费提供的随访、健康体检等服务，低于我国31个省（区、市）的平均水平。《中国防治慢性病中长期规划（2017～2025年）》显示，2017年我国高血压患者管理人数为8835万人，糖尿病患者管理人数为2614万人，高血压、糖尿病患者规范管理率为50%。

（四）医疗保险参保率低于我国31个省（区、市）平均水平

流动人口医疗保险综合参保率为92.5%，低于我国31个省（区、市）95%以上的平均水平。其中，参加新型农村合作医疗保险的比例最高，达70.5%，其次是城镇职工基本医疗保险（达30.6%）、城镇居民医疗保险（达4.6%）和城乡居民医疗合作保险（达3.9%）。在参保地点上，城镇职工医疗保险和城镇居民医疗保险主要是在流入地参保，分别占其参保综述的93.5%和54.3%；新型农村合作医疗保险和城乡居民医疗合作保险主要在户籍地参保，分别占97.3%和76.0%（见表2）。

表 2　　我国流动人口医疗保险情况　　单位：%

项目	流动人口参保率	在流入地参保占比
总体医疗保险	92.5	—
新型农村医疗保险	70.5	97.3
城镇职工医疗保险	30.6	93.5
城镇居民医疗保险	4.6	54.3
城乡居民医疗合作保险	3.9	76.0

资料来源：笔者根据《中国流动人口发展报告（2018）》整理。

四、流动人口面临的主要健康问题及原因分析

（一）流动人口面临的主要健康问题

1. 传染病和感染性疾病是流动人口面临的主要疾病和健康威胁

流动人口尤其是农民工进入城市后收入较低、营养不良、居住环境拥挤狭小，卫生状况差，工作劳动强度大，导致其机体抵抗力下降，是传染性疾病发病的高危人群。流动人口传染性和感染性疾病集中表现为急性呼吸道疾病、肠道传染病、寄生虫病、性病和结核病。《中国流动人口发展报告（2018）》数据显示，2016 年，有 26.04% 的流动人口出现过腹泻、发热、皮疹、结膜红肿及黄疸中至少一种的传染病症状。

2. 生殖系统疾病越来越成为新生代农民工面临的主要健康威胁

流动人口尤其是新生代农民工大多处于青春期、婚育期。一方面，其婚前同居、怀孕等问题比较突出，由于生殖健康知识的缺乏，增加了性病或艾滋病在异性或同性接触者中蔓延的可能性（杜本峰等，2013）。流动人口动态监测数据显示，有过婚前性行为的未婚青年农民工比例高达 41.8%，36.3% 的未婚青年农民工未曾在学校接受过生殖健康教育，这个比例比流入地未婚青年群体高 16.2%。另一方面，流动人口中儿童和孕妇健康管理与疫苗接种的比例较低。以北京市为例，根据流动人口动态监测数据测算，2016 年北京市流动人口中子女有预防接种证的比例为 96.44%，2014 年 1 月及以后生育过子女的孕产妇完成五次及以上产前检查的占 72.65%，产后 28 天接受过入户产后访视的仅占 49.8%。

3. 职业危害与生产事故是流动人口传统的健康危害源泉

流动人口工作环境往往与“有毒”“粉尘”“噪音”“潮湿”“高空”等这些关键词有密切联系。同时，由于企业对农民工管理不规范，预警保护措施不

完善等，导致急性、慢性职业危害疾病及突发生产事故时有发生，促使流动人口健康遭受较大的威胁。《卫生健康事业发展统计公报（2017）年》数据显示，2017 年，我国共报告各类职业病新病例为 26756 例，其中，职业性尘肺病及其他呼吸系统疾病为 22790 例。《2018 年国民经济和社会发展统计公报》数据显示，2018 年，我国各类生产安全事故共死亡 34046 人。目前，由于职业卫生服务覆盖面有限，职业健康检查率低，职业病诊断难，加之职业病潜伏期长、隐匿性强，实际患病人数大于报告的病例。

4. 心理问题与精神疾病是易被忽视的流动人口健康问题

流动人口工作压力大、精神生活缺乏，同时面临着失业、歧视、社会隔离等多种风险，这些风险可能会给他们带来心理健康的损害，如果得不到及时、有效的疏导，极易产生焦虑、抑郁等心理问题，以至于导致犯罪等过激行为。目前，流动人口常见的精神疾病包括精神分裂、精神障碍、失眠症、抑郁症等，还有一些不良心理行为问题，主要有自杀、酗酒等问题。许颖、纪颖等（2012）调查发现，流动人口抑郁症状检出率 16.5%，未婚者的抑郁发生率（20.7%）高于已婚者（9.0%）。

（二）当前影响我国流动人口健康的主要因素

1. 流动人口工作和居住环境相对较差

一方面，流动人口尤其是农民工，工作强度和压力较大，周工作日至少为六天，日工作量达到 10 个小时，一般做的都是城市人不愿干的脏、累、险、差的工作。高强度和超时长的工作条件以及较差的工作环境，促使其健康状况容易遭受损害（方晓义等，2007）；另一方面，流动人口动态监测数据显示，虽然流动人口的住房类型以楼房为主，约占 85.61%，但仍有 1.27% 的流动人口居住在工棚、地下室等类型的房屋内，由于采光通风条件较差、鼠蚁蚊虫较多，居住在工棚和地下室的流动人口中约 31.90% 过去一年曾出现过传染病症状，较居住在平房和楼房的流动人口分别高 6.66 个百分点和 6.01 个百分点。居住环境较差，为细菌和病毒的繁殖传播创造了条件，是影响流动人口健康的重要原因（见图 3）。

2. 流动人口健康素养较低、健康风险意识不足

虽然流动人口健康素养不断上升，但与城市居民相比，流动人口的健康素养较低，2014～2016 年分别比城市居民低 1.22 个、1.29 个、0.03 个百分点（见图 4）。较低的健康素养影响了流动人口健康水平。第一，流动人口健康意识不足。流动人口受教育程度相对较低，主要集中在劳动强度大或工作时间长的行业，收入较低，关注的多是打工挣钱、孩子教育等，自我保健意识缺失。

第二，流动人口接受健康教育的比例较低，传染病防治意识不足，是影响流动人口发生传染性症状的重要因素（薛莉萍等，2017）。《中国流动人口发展报告2017》数据显示，我国近6成的流动人口未在流入地接受过性病、艾滋病或结核病防治的健康教育。第三，对病症后果认识不足，健康成本较高也是影响流动人口健康的重要原因。"自感病轻"与"经济困难"是流动人口不愿去门诊就诊的主因，即便有些人就医后，仍大量存在"应住院未住院"的现象。除医药费，流动人口就医还需要付出旷工与病假等"健康成本"，许多流动人口选择"扛一扛"（葛学凤等，2004）。

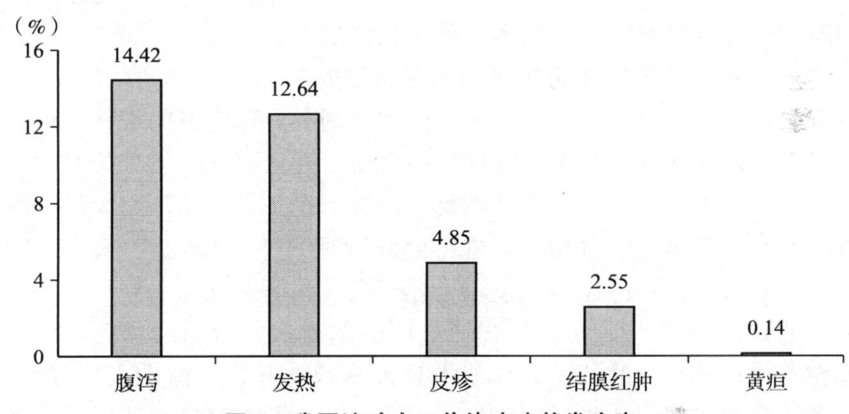

图3　我国流动人口传染病症状发生率

资料来源：笔者根据《中国流动人口发展报告（2018）》整理。

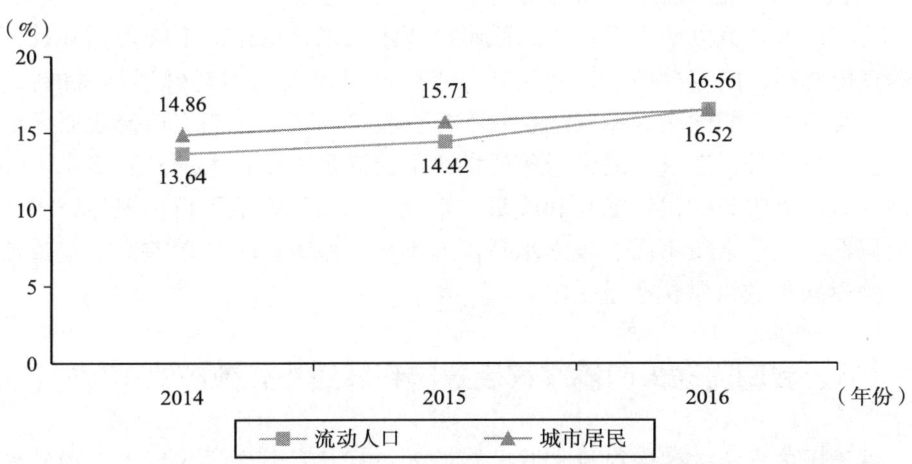

图4　2014～2016年我国流动人口健康素养与城市居民健康素养水平比较

资料来源：聂雪琼.2014～2016年流动人口健康素养水平及其影响因素分析［J］. 中国健康教育，2018.

3. 流动人口健康服务关键环节责任落实难

近年来，尽管相关部门出台了一系列流动人口健康管理规划政策文件，关注更多的是除计划生育之外的流动人口基本公共卫生服务、健康教育等健康管理服务问题，如《关于做好流动人口基本公共卫生服务的指导意见》《流动人口健康教育和促进行动计划（2016～2020年）》《“十三五”全国流动人口卫生计生服务管理规划》等。但一些政策措施的本质“管理”大于“服务”，服务意识淡薄，带有很大的强制性，对改善流动人口健康状况意义不大（吴丽丽，2013）。同时，相关政策针对性不强，部分地方缺乏具体的实施方案和督导考核，如孕产妇分娩费用减免、高龄孕产妇保险保障等，一些地方由于部分孕产妇因未及时取得居住证，而无法享受相关政策。

4. “一盘棋”式管理服务机制尚未完全形成

一方面，目前按户籍人口数量配置机构编制和管理人员的现状，远不能适应对流动人口以现居住地为主的管理体制需要，基层医疗卫生人员对常住人口进行基本公共卫生服务尚存在人员不足、设施不完备、工作压力大等问题，根本难以抽出时间和精力对流动人口进行健康管理服务（徐孟亚等，2011）。另一方面，由于缺乏统一的流动人口综合管理模式，信息互通、服务互补、管理互动的流动人口管理“一盘棋”式的工作机制尚未完全形成，现居住地与户籍地间常态化、动态化的长效合作机制还没有建立起来，流动人口漏管严重，免费服务覆盖面较低（王坤等，2015）。同时，各职能部门在开展工作的过程中往往各自为战，责任分工不明确，缺少必要的沟通，统筹协调能力弱。

5. 流动人口健康服务供给质量不高

第一，大多数流动人口接受的健康教育信息来自单位的上岗培训和社区发放的宣传材料，内容单一、针对性差，不能满足流动人口对健康信息的需求。第二，流动人口的健康保障资金投入不足，直接限制了流动人口健康服务的进一步扩展和提升，造成了健康服务的供给不能满足不断扩大的实际需求，影响流动人口健康服务的供给能力和质量。第三，基层医疗卫生机构卫生技术人员学历偏低、专业素质不高、技术水平参差不齐、服务积极性较差等，造成流动人口健康服务供给质量严重受限。

五、我国流动人口健康移民效应和健康损耗效应的再检验

基于国内外相关研究结论和我国流动人口现状，笔者提出以下三项假设。

假设1：我国农村流动人口存在明显的“健康移民效应”，即与城镇本地居民相比，年轻的（参加工作时间较短）农村流入城市务工人员的健康状况

较好。

外出务工的农民工占据我国流动人口的绝大多数。目前，我国外出务工的农民工多为20世纪80年代后出生的新生代，2016年“80后”流动人口比重已达56.5%。新生代农民工年龄相对较小，身体条件较高，与城市户籍人员相比，其身体更健康。中国综合社会调查（CGSS）2015年度调查数据显示，所有城镇人员和农村户籍人员总体健康状况存在显著差异，且城镇户籍人员（3.69）健康状况要好于农村户籍人员（3.58），但30岁以下农村流动务工人员（4.30）健康状况的均值却高于城镇同龄工作人员（4.26）。通过描述性统计分析可以推断，尽管整体上城镇居民健康状况要好于农村户籍人员，但相对更年轻且在城镇参加非农工作的人员来说，农村流动人口健康状况要好于城镇本地工作人员（见表3）。

表3　我国农村流动人口与城市户籍人口健康状况对比

项目	农村人员		城镇人员	
	样本数（个）	均值（标准差）	样本数（个）	均值（标准差）
全部人员全部年龄	6165	3.58（1.103）	3623	3.69（1.009）
全部人员30岁及以下	999	4.23（0.845）	576	4.31
工作人员全部年龄	1960	3.99（0.920）	1695	3.99（0.873）
工作人员30岁以下	528	4.30（0.773）	389	4.26（0.763）

注：在健康状况评分中，1为很不健康，2为比较不健康，3为一般，4为比较健康，5为很健康。
资料来源：笔者根据《中国综合社会调查（CGSS）2015》数据整理。

基于假设1，笔者又提出以下假设。

假设1a：曾经或现在的流动人口仍存在明显的健康移民效应，我们将这种效应称之为“扩大的健康移民效应”。

笔者将研究样本范围扩大，将流动人口的范围扩大为“曾经是流动人口及现在是流动人口”。由于年龄原因或身体健康原因，可能会有部分原流动人口回到流出地。但是由于人口回流仅仅是近年来的偶然现象，回流人口数量相对于流动人口数量仍较小。因此，即使扩大了研究样本的范围，这种健康移民效应可能仍然存在。

假设2：我国农村流动人口存在明显的“健康损耗效应”，即随着年龄和工作年限的增加，农村流动人口的身体健康状态将比城镇本地居民健康状况下降得更严重，从而使得农村流动人口的身体健康状况趋向收敛，甚至低于城镇本地居民的身体健康状况。

我国流动人口尤其是农民工工作强度和压力较大，工作环境相对较差，高强度、长时间工作和较差的工作环境促使其健康状况容易遭受损害（牛建林，2013）。中国综合社会调查（CGSS）2015 年度调查数据统计分析显示，随着年龄和工作年限的增长，受劳动损伤、自然衰老等因素影响，农村流动务工人员的健康状况会呈恶化趋势，30 岁及以下农村流动务工人员整体健康状况要好于城镇工作人员，而 31 岁及以上农村流动务工人员整体健康状况趋于不如城镇工作人员，且这种差距随着年龄增长继续加大。因此，农村流动人员比城镇本地工作人员承受更严重的健康损耗效应（见图 5）。

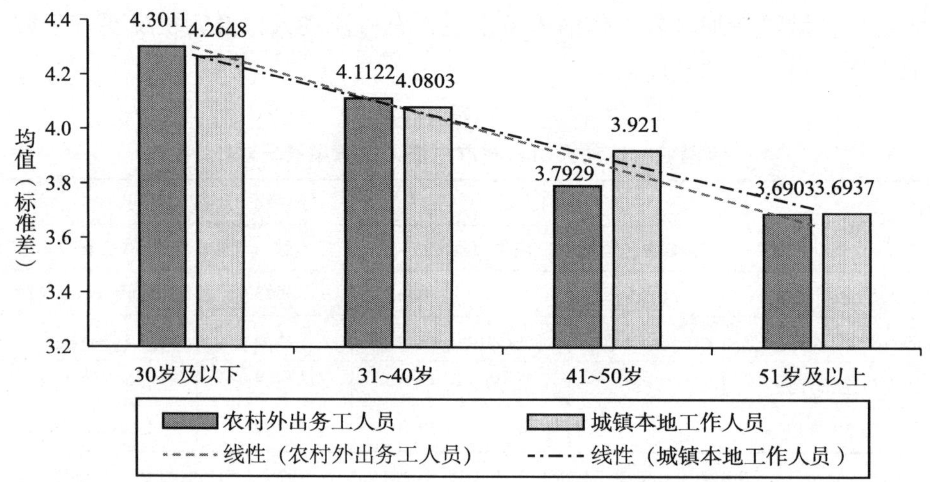

图 5　我国城镇本地工作人员和农村外出务工人员健康随年龄变化趋势对比

注：数据来源和健康状况评分同本文表 2。

资料来源：笔者整理。

假设 3：我国农村流动人口存在“返乡效应”，即部分健康状况较差的流动人员更容易返乡，这部分人群整体健康状况低于继续留在城镇工作的人群，也低于一直在农村从事务农工作的人群。

经典的“三文鱼偏误效应”认为，随着流动人口工作过程中健康状况的不断“损耗”，流动人口健康恶化会导致其返乡。中国综合社会调查（CGSS）2015 年度调查数据统计分析显示，返乡人员中“比较健康”“很健康”人员的比重明显小于未返乡人员，而健康状况为“很不健康”“比较不健康”“一般”的人员比例远大于未返乡人员（见图 6）。即可以初步判断，农村流动人员经历了健康损耗，健康恶化后的“返乡效应”基本上是存在的。

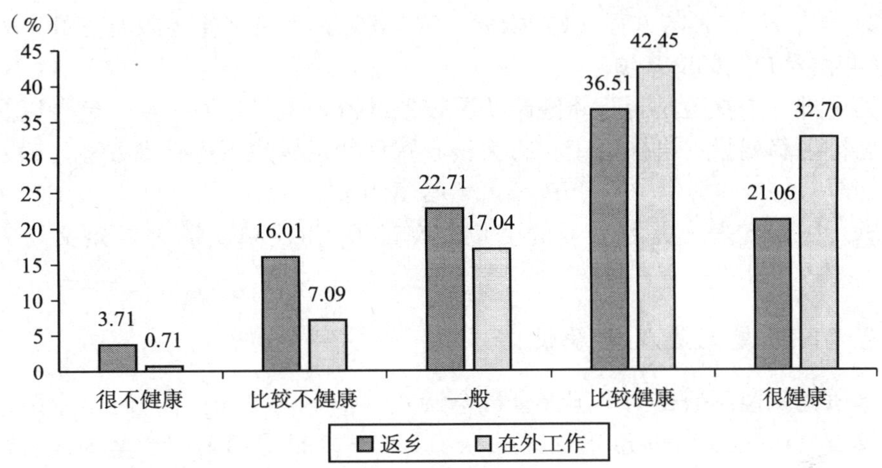

图 6　我国返乡与未返乡不同健康状况人员的比例

注：数据来源和健康状况评分同本文表 1。

资料来源：笔者根据中国综合社会调查（CGSS）2015 测算。

六、模型设计

从简单的描述性统计分析基本可以看出，我国流动人口存在“健康移民效应”“健康损耗效应”和“返乡效应”，基于此，笔者提出了相应的假设。虽然单从统计分析结果上大致可以看出“健康移民效应”和“健康损耗效应”的存在，但尚不是特别显著，为进一步检验上述假设，还需进行下一步的回归分析研究。因此，基于数据为中国综合社会调查（CGSS）2015 年数据，对此现象进行了实证检验。

（一）模型构建与说明

根据相关文献综述，笔者梳理发现影响流动人口健康的因素主要包括年龄、户籍、受教育程度、收入、婚姻等。参照多数研究，在模型设定过程中，将这些变量引入模型，构建了影响流动人口健康状况的模型方程（1）：

$$H_i = \chi_0 Hu + \chi_1 X_i + \varepsilon_1 \qquad (1)$$

式（1）中，H_i 为被调查者 i 的自评身体健康状态，Hu 为调查者户籍状况。X 为控制变量，包括年龄、受教育程度、收入、婚姻等，具体变量定义详见表 4。

进一步地，为了检验流动人口健康损耗效应是否存在，笔者考察了健康状况随年龄增长而发生的变化，并将年龄和户籍的交叉项引入模型，得到模型方程（2）：

$$H_i = \chi_1 X_i + \chi_2 Age + \chi_3 Hu \times Age + \varepsilon_1 \qquad (2)$$

式（2）中，H_i 和 X 与方程（1）指标一致。Age 为反映工作年限的变量，$Hu \times Age$ 为年龄和户籍的交叉项。

为了进一步检验是否身体健康状况较差的流动人口返回家乡。笔者以是否返乡为被解释变量、身体健康状态为核心解释变量构建下述模型方程（3）：

$$Hb_i = \chi_0 H + \chi_1 X_i + \varepsilon_1 \tag{3}$$

式（3）中，Hb 表征是否返乡的变量。变量 H_i 和控制变量 X 的定义与方程（1）一致。

（二）数据来源及变量设定

本研究所使用数据为中国综合社会调查（CGSS）2015 年数据。中国综合社会调查（Chinese General Social Survey，CGSS）是中国第一个全国性、综合性、连续性的学术调查项目。CGSS 系统全面地收集了社会、社区、家庭、个人等多个层次的数据。2015 年，CGSS 项目调查覆盖我国 28 个省（区、市，除西藏、新疆和海南外）的 478 村居，经统计，共完成有效问卷 10968 份，在实际使用过程中除去问卷数据的缺失值和异常值，共有有效问卷 9788 份，其中城镇从事非农工作人员 3655 份（含城镇本地和农村流动人员），从城镇返乡的农村流动人员 1268 份。

参考国内大多数研究对流动人口健康状况的评判，本研究采用自评健康的方式来评判流动人口的健康，各变量的设定（见表 4）。

表 4　　变量设定及其意义

变量	含义	变量属性	描述
H	健康状况	离散	1 = 很不健康，2 = 比较不健康，3 = 一般，4 = 比较健康，5 = 很健康
Hu	户籍	离散	农业户口 =1，非农业户口 =0
Age	年龄	连续	用“2014 - 出生年”计算
Gen	性别	离散	女性 =1，男性 =0
Fam	家庭规模	连续	家庭人口数
$Edu1$	初等教育	虚拟变量	私塾、小学、初中 =1，其他 =0
$Edu2$	中等教育	虚拟变量	职高、普高、中专、技校 =1，其他 =0
$Edu3$	高等教育	虚拟变量	大专、本科、研究生 =1，其他 =0
$Mar1$	已婚	虚拟变量	已婚、分居未离婚 =1，其他 =0
$Mar2$	离婚	虚拟变量	离婚 =1，其他 =0

续表

变量	含义	变量属性	描述
*Mar*3	丧偶	虚拟变量	丧偶 =1，其他 =0
Inc	收入	连续	家庭人均收入水平
Hb	返乡状况	离散	曾经有过非农工作，目前返乡待业或从事务农活动的农业户籍，*Hb* =1；现在城市从事非农工作的农业户籍者，*Hb* =0。

注：由于新时期户籍改革各地区陆续不再对“农村户口”和“城市户口”进行区分，本研究根据户籍改革之前的户籍属性对部分登记为“居民户口”的受访对象进行户籍划分。

资料来源：笔者整理测算。

七、实证分析结果

在处理多分类因变量模型时，OLS 回归会存在异方差，因此常采用 probit 回归和 logistic 回归方式，而这两种回归方式按照分类变量的分类方式不同又可分别选择有序和无序回归方式，probit 回归一般应用于有计划的实验获取数据，logistic 回归多用于直观观测数据。本研究模型 1、模型 2 因变量健康状况按照健康程度从低到高分为五类，故采用多元有序 logistic 回归，而模型 3 中因变量返乡状况为普通二分变量，因此模型 3 采用二元 logistic 回归方式。另外，模型 2 交互项户籍 × 年龄中，由于年龄为连续变量，再进入回归前需要进行标准正态转换。

在对模型 1 进行回归时，分别将样本范围定为城乡全部人员、城乡 30 岁以下人员、正在从事非农工作的城乡全部人员、正在从事非农工作的城乡 30 岁以下人员，分别为模型 1 -1、模型 1 -2、模型 1 -3、模型 1 -4，模型 1 -5 在模型 1 -4 的基础上进一步加入了同年龄段曾经的流动人员（目前已返乡）。然后对各模型回归并进行比较分析，通过回归结果（见表 5）可以看出，在样本范围为城乡全部人员时，城镇户口对于健康状况的回归参数为正值，而把样本范围缩小至正在工作的人员和正在工作的 30 岁以下人员时，城镇户口工作人员对于健康状况的回归参数为负值，说明在参加工作不久的年轻人中，来自农村的流动务工人员健康状况要好于城镇本地工作人员，进一步验证了“健康移民效应”的存在，但是回归系数值相对较小，说明这一现象并不是特别明显，即刚进入城市的农村流动务工人员健康状况虽然好于城镇本地人员，但差异并不大。模型 1 -5 回归结果显示，在将样本范围扩大至“曾经是流动人口及现在是流动人口”以后，“健康移民效应”仍然存在，即“扩大的健康移民效应”（假设 1a）现象存在。

表 5　流动人口“健康移民效应”（模型 1）回归结果

变量		模型 1 - 1		模型 1 - 2		模型 1 - 3		模型 1 - 4		模型 1 - 5	
		参数	标准误	参数	标准误	参数	标准误	参数	标准误	参数	标准误
健康状况（*H*）	很不健康	-3. 891 ***	0. 373	-3. 239 *	1. 917	-5. 671 ***	0. 747	12. 581 ***	3. 172	14. 348 ***	1. 988
	比较不健康	-1. 869 ***	0. 369	-1. 388	1. 909	-3. 283 ***	0. 724	14. 394 ***	3. 139	15. 987 ***	1. 963
	一般	-0. 597 *	0. 369	0. 071	1. 911	-1. 766 **	0. 721	16. 031 ***	3. 133	17. 479 ***	1. 958
	比较健康	1. 348 ***	0. 369	2. 166	1. 911	0. 245	0. 720	18. 265 ***	3. 131	19. 570 ***	1. 958
年龄（*Age*）	年龄	-0. 041 ***	0. 002	-0. 068 ***	0. 016	-0. 041 ***	0. 003	-0. 038 *	0. 047	-0. 042 **	0. 020
收入（*Inc*）	人均收入	0. 236 ***	0. 019	0. 080	0. 038	0. 150	0. 026	-0. 060	0. 078	0. 034	0. 068
家庭规模（*Fam*）	家庭人数	0. 061 ***	0. 015	-0. 045	0. 055	0. 033 ***	0. 037	-0. 054	0. 022	-0. 042	0. 043
性别（*Gen*）	男性	0. 271 ***	0. 039	0. 170 *	0. 099	0. 178 ***	0. 064	0. 179	0. 129	0. 146	0. 116
	女性	0[a]	0	0[a]	0	0[a]	0	0[a]	0	0[a]	0
户籍（*Hu*）	非农业户口	0. 035 *	0. 046	-0. 061	0. 112	-0. 053 *	0. 070	-0. 087 *	0. 140	-0. 026 *	0. 133
	农业户口	0[a]	0	0[a]	0	0[a]	0	0[a]	0	0[a]	0

续表

变量		模型1-1		模型1-2		模型1-3		模型1-4		模型1-5	
		参数	标准误	参数	标准误	参数	标准误	参数	标准误	参数	标准误
教育状况（*Edu*）	其他	-0.205***	0.062	-0.561	0.531	-0.269	0.187	0.330	1.390	0.566	0.805
	初等教育	0[a]	0	0[a]	0	0[a]	0	0[a]	0	0[a]	0
	其他	-0.383***	0.078	-0.688	0.536	-0.244	0.196	0.538	1.393	0.664	0.809
	中等教育	0[a]	0	0[a]	0	0[a]	0	0[a]	0	0[a]	0
	其他	-0.347***	0.088	-0.621	0.536	-0.251	0.204	0.359	1.395	0.570	0.810
	高等教育	0[a]	0	0[a]	0	0[a]	0	0[a]	0	0[a]	0
婚姻状况（*Mar*）	其他	-0.064	0.073	-0.206*	0.131	-0.195*	0.105	-0.161	0.161	-0.216*	0.145
	已婚	0[a]	0	0[a]	0	0[a]	0	0[a]	0	0[a]	0
	其他	0.221	0.145	0.753	0.629	0.015	0.213	-0.234	0.800	0.496	0.673
	离婚	0[a]	0	0[a]	0	0[a]	0	0[a]	0	0[a]	0
	其他	-0.188*	0.104	3.420***	1.083	-0.079	0.253	19.162	0.000	18.485	0.000
	丧偶	0[a]	0	0[a]	0	0[a]	0	0[a]	0	0[a]	0

注：a 为模型选取的基准变量，故回归系数为0；*、**、*** 分别表示T检验在1%、5%、10%的水平上显著。
资料来源：笔者测算结果。

模型3回模型1其他变量的回归系数表明：健康状况随着年龄的增长而变差，随着收入的增长而趋于变好；在不控制年龄的情况下，健康状况对家庭规模的反馈是正向的，而对30岁以下年龄人群进行回归的结果并不显著；男性健康状况整体要好于女性；教育状况只有在对全部人群进行回归时显著，教育程度的提高能够提升健康水平，而其他情形中不显著；婚姻状况中是否已婚或者离婚对健康水平并无影响，是否丧偶在对全部人员和30岁以下人员进行回归时显著，分别呈现负向和正向。

对于模型2的回归检验结果见表6，回归样本范围分别为城乡全部人员、正在工作的城乡人员，分别表示为模型2－1、模型2－2。通过回归结果可以看出，不管是城镇本地工作人员还是农村流动人员，其健康状况都随着年龄的增长显著下降；户籍与年龄的交互项的显著性说明，农村户籍人员比城镇户籍人员承受了更大的健康损耗，而正在工作的流动人员健康损耗更加显著。

表6　　流动人口“健康损耗效应”（模型2）回归结果

变量		模型2－1		模型2－2	
		参数	标准误	参数	标准误
健康状况（*H*）	很不健康	－6.636***	0.422	－10.966***	0.889
	比较不健康	－4.516***	0.415	－8.458***	0.861
	一般	－3.190***	0.414	－6.834***	0.855
	比较健康	－1.266***	0.413	－4.801***	0.851
年龄（*Age*）	年龄	－0.097***	0.004	－0.171***	0.012
家庭规模（*Fam*）	家庭人数	0.063***	0.015	0.031	0.026
收入（*Inc*）	人均收入	0.227***	0.019	0.127***	0.037
交叉项（*Hu*×*Age*）	户籍×年龄	0.261***	0.019	0.392***	0.034
性别（*Gen*）	男性	0.263***	0.039	0.173***	0.064
	女性	0[a]	0	0[a]	0
户籍（*Hu*）	非农业户口	－0.045*	0.046	－0.068*	0.070
	农业户口	0[a]	0	0[a]	0
教育状况（*Edu*）	其他	－0.158**	0.062	－0.151	0.188
	初等教育	0[a]	0	0[a]	0
	其他	－0.353***	0.078	－0.138	0.198
	中等教育	0[a]	0	0[a]	0
	其他	－0.354***	0.088	－0.150	0.205
	高等教育	0[a]	0	0[a]	0

续表

变量		模型 2 - 1		模型 2 - 2	
		参数	标准误	参数	标准误
婚姻状况（*Mar*）	其他	0.112 *	0.074	-0.048	0.106
	已婚	0[a]	0	0[a]	0
	其他	0.429 ***	0.146	0.179	0.214
	离婚	0[a]	0	0[a]	0
	其他	-0.083	0.105	-0.016	0.255
	丧偶	0[a]	0	0[a]	0

注：模型 2 - 1、模型 2 - 2 分别代表样本范围为城乡全部人员、正在工作的城乡人员；a 为模型选取的基准变量，故回归系数为 0；*、**、*** 分别表示 T 检验在 1%、5%、10% 的水平上显著。

资料来源：笔者测算结果。

为了验证返乡农村人口健康状况比仍留在城镇的农村务工人员更差。通过回归结果（见表 7）可以看出，身体健康状况与返乡与否呈负相关关系，即身体不健康的农村外出人员更容易返乡，这验证了假设 3 的“返乡效应”，即身体健康较差的流动人口返回了家乡。同时，通过其他变量的回归系数可以看出，女性、年龄大者、小学文化程度群体、收入较低者、家庭人口数更少的群体更容易返乡，而已婚者更倾向于继续留在城镇从事非农工作。

表 7　　流动人口“返乡效应”（模型 3）回归结果

变量	估计参数	标准误	变量	估计参数	标准误
性别（*Gen*）	0.562 ***	0.084	已婚（*Mar*1）	-0.469 ***	0.162
年龄（*Age*）	0.045 ***	0.004	离婚（*Mar*2）	-0.662 **	0.326
户籍（*Hu*）	-0.176 ***	0.041	丧偶（*Mar*3）	-0.059	0.268
初等教育（*Edu*1）	0.312 *	0.161	家庭规模（*Fam*）	-0.054 *	0.031
中等教育（*Edu*2）	0.122	0.185	收入（*Inc*）	-0.455 ***	0.045
高等教育（*Edu*3）	-0.043	0.219	常数	2.690 ***	0.531

注：*、**、*** 分别表示 T 检验在 1%、5%、10% 的水平上显著。

资料来源：笔者测算结果。

八、启示和建议

（一）研究启示

利用CGSS（2015）微观调查数据，基于国际著名的“健康移民效应”和“三文鱼偏误效应”的分析框架，笔者实证检验了我国流动人口“健康移民效应”是否存在。并基于此，更深入地探讨了在“健康移民效应”成立的前提下，我国流动人口与健康的深入作用关系，研究结果发现，我国流动人口存在明显的健康移民效应，且这种效应也存在于曾经或现在的流动人口中，即扩大的健康移民效应也成立。同时，我国流动人口存在明显的健康损耗效应，即随着工作年限的不断增加，在控制住年龄后，流动人口的身体健康状态将比本地居民健康状况下降得更严重，从而使得流动人口的身体健康趋于向本地居民的身体健康状况收敛。身体健康较差的流动人口返回了家乡。

基于上述研究结论，得到以下三个研究启示。

第一，应该更多地关注流动人口在城市工作经历造成的健康损害。随着在城市工作时间的延长，农村外出务工人员的身体健康承受着比城市本地居民更多的损害，政府应进一步加强对流动人口的健康保障，着力地提升流动人口的健康服务能力和水平。

第二，健康意识不足、健康成本较高等主观因素及居住和工作环境、生活方式等客观因素是影响流动人口健康的主要原因。积极保障流动人口健康、提高流动人口健康服务能力应着重抓好上述影响流动人口健康的因素。多方式、多手段地加大流动人口健康教育宣传力度，提高流动人口健康意识，千方百计地保护农民工合法权益，提高农民工收入水平，改善流动人口的工作和生活环境等都是有效地保障流动人口健康的重要手段。

第三，从研究的角度来看，本研究还有进一步挖掘和深入的空间。两大假说仅是实证结论，缺乏理论基础和科学严谨的研究工具，现有研究既没有揭示流动人口及其健康影响因素间的内在作用机理和传导路径，也没有得出流动人口、影响健康的因素及健康等各变量相互作用路径系数，结论的深入性、有效性有待加强和进一步验证，如果能以该领域涉及的管理学、卫生经济学、社会心理学相关知识为基础开发出特定的理论体系，以更为先进的研究工具为手段对理论进行验证与升华，将能得出更为有理论深度和现实意义的结论。

（二）对策建议

1. 完善和落实流动人口健康服务政策，加强流动人口健康服务供给

将流动人口卫生健康工作纳入经济社会发展总体规划和政府工作目标管理责任制，在开展流动人口卫生健康工作的过程中牢固树立“大卫生、大健康”的理念，推进基本公共服务均等化，参照常住人口标准，配置服务资源，保证流动人口公平地享有卫生健康服务。

一是落实财政转移支付，健全经费管理制度。在财政转移支付形式上，可以考虑由国家统筹跨省流动人口的服务管理经费，省内流动的流动人口实行省级统筹，市、区、乡镇分层次落实专项经费。

二是出台专项法规政策，建立科学评估体系。明确流动人口在公共健康方面的各项权利和义务，明确各级、各有关部门的管理责任和服务职能，彻底杜绝两地管理部门推诿扯皮的现象发生。

三是严格落实相关政策措施。落实流动人口基本医疗保险关系转移接续和异地就医结算，使流动人口在流动过程中接续获得各项基本公共卫生计生服务。同时，把流动人口列入家庭医生签约服务中，让他们同当地城乡居民一样拥有自己的家庭医生。

2. 建立部门联动机制，形成推动流动人口健康服务合力

一是卫生健康部门内部建立联动机制。卫生健康行政部门要建立起内部及与相关部门的统筹协调机制，推动有利于流动人口健康服务的政策出台，切实将流动人口纳入社区卫生、计生服务范围。在制订、修订疾病预防控制、健康教育、医疗、药品、基层卫生、妇幼卫生、计划生育等相关政策时，要将流动人口考虑在内。

二是积极推动跨部门流动人口健康保障合作机制。流动人口的管理涉及多个部门，流动人口健康保障同样涉及多个部门，如人口与社会保障部门、民政部门、财政部门、卫生计生等部门。各级人口与社会保障部门、民政部门、财政部门、卫生计生等部门要加强协作，将流动人口健康服务纳入基层综合治理工作平台、农民工综合服务中心、流动人口服务中心、社区卫生计生服务机构等职责之中，确保流动人口健康服务工作落到实处。

3. 提高对流动人口健康服务质量，推动流动人口健康服务均等化

一是着力优化基层医疗卫生机构服务质量。通过开展优质服务示范社区卫生服务中心创建活动，推动基层医疗卫生机构在标准化的基础上实现服务水平的提档升级。加大人才引进力度，利用好全科医生培训和住院医师规范化培训，提升基层卫生技术人员的服务水平。通过开展精细化家庭医生签约服务工作，让流动人口慢性病、常见病患者在基层医疗卫生机构看病方便、治得好，让流动人口就近、就便享受温馨优质的医疗卫生服务。

二是推进流动人口基本公共卫生计生服务均等化，促进流动人口社会融合。继续推进基本公共卫生计生服务均等化和流动人口社会融合示范试点工作，推动更多的人口融入城镇，提高流动人口家庭的发展能力，率先在卫生计生领域推动社会融合。进一步加强信息化应用，推进信息共享，完善信息采集机制。充分发挥计划生育协会等社会组织作用，加强共建共享。支持社会组织和研究机构建立流动人口社会融合状况评估机制。

4. 加强流动人口健康教育工作，提高流动人口健康素养

一是加强人口流动健康政策研究，为决策提供支撑。建立流动人口健康统计和动态监测体系，推动数据资源开放共享。

二是强化流动人口健康教育和促进，提升其健康意识和健康素养水平。充分利用现代媒体优势，结合流动人口工作和生活实际需要，以微信、短信、讲座和咨询为主要形式，以居住地和工作地为主要场所，大力推进和实施流动人口健康教育和促进行动计划，开展新市民健康城市行——我国 31 个省（区、市）流动人口健康促进宣传活动。针对新生代农民工、流动育龄妇女、青少年的不同需求，卫生计生行政部门以及工会、共青团、妇联、计生协会等群众团体以及非政府组织平台，加大对重大传染病防治、职业病防治、妇幼健康、生殖健康、心理健康等相关知识和政策的宣传教育，提高流动人口个人对健康知识和健康服务的需求意识，提升流动人口的疾病风险意识和健康认知水平。依托企业流动人口计生协会等平台，招募并培训有一定文化程度、沟通能力强、热心为工友服务的流动人口作为健康指导志愿者，通过同伴教育开展健康知识传播。

参考文献

[1] 段平忠．人力资本流动对地区经济增长差距的影响 [J]．中国人口·资源与环境，2007 (4).

[2] 和红等．健康移民效应的实证研究——青年流动人口健康状况的变化趋势及影响因素 [J]．中国卫生政策研究，2018 (2).

[3] 林丹华．不同职业流动人口社会适应比较 [J]．中国心理卫生杂志，2007 (6).

[4] 牛建林等．城市外来务工人员的工作和居住环境及其健康效应——以深圳为例 [J]．人口研究，2011 (3).

[5] 牛建林．人口流动对中国城乡居民健康差异的影响 [J]．中国社会科学，2011 (2).

[6] 齐亚强等．我国人口流动中的健康选择机制研究 [J]．人口研究，2011 (1).

[7] 秦立建等．农民工的迁移与健康——基于迁移地点的 Panel 证据 [J]．世界经济文汇，2011 (6)．

[8] 易龙飞，亓迪．流动人口健康移民现象再检验：基于 2006 - 2011 年 CHNS 数据的分析 [J]．西北人口，2014 (6)．

[9] Abraído-Lanza A F, Dohrenwend B P, Ng-Mak D S. The Latino mortality paradox: a test of the "salmon bias" and healthy migrant hypotheses [J]. American Journal of Public Health, 1999, 89 (10): 1543 - 1548.

[10] Antecol H, & Bedard K. Unhealthy Assimilation: Why Do Immigrants Converge to American Health Status Levels? [J]. Demography, 2006, 43 (2): 337 - 360.

[11] Biddle N, Kennedy S, Mcdonald J T. Health assimilation patterns amongst Australian Immigrants [J]. Economic Record, 2010, 83 (260): 16 - 30.

[12] Findley S E. The Directionality and Age Selectivity of the Health - Migration Relation: Evidence from Sequences of Disability and Mobility in the United States [J]. International Migration Review, 1988, 22 (3): 4 - 29.

[13] Markides K S, Coreil J. The health of Hispanics in the southwestern United States: an epidemiologic paradox [J]. Public Health Reports, 1986, 101 (3): 253 - 265.

[14] Mcdonald J, Kennedy S. Insights into the "healthy immigrant effect": health status and health service use of immigrants to Canada [J]. Social Science & Medicine, 2004, 59 (8): 1613 - 1627.

[15] Roberts K D. China's "tidal wave" of migrant labor: what can we learn from Mexican undocumented migration to the United States? [J]. International Migration Review, 1997, 31 (2): 249 - 293.

[16] Solinger D J. Citizenship Issues in China's Internal Migration: Comparisons with Germany and Japan. Political Science Quarterly, 1999, 114 (3): 455 - 478.

推进我国社会组织高质量发展的路径研究

蔡潇彬

内容提要：中国［本文指除我国港、澳、台地区外，31个省（区、市）］社会组织发展成效显著，呈现出总体数量庞大、组织形式多样、涉及领域广泛和参与能力日强的特点；长远来看，社会组织有不断向技术化、虚拟化和治理化发展的趋势。理解中国社会组织的运作，必须基于中国的宏观制度背景，在强国家—弱社会的宏大背景下，中国社会组织要进一步地发展，必须与政府部门保持适度的关联。笔者认为，中国社会组织的高质量发展过程是一个不断提升社会组织相对自主性、自足性和参与性的过程，高相对自主性、高自足性和高参与性的社会组织即是高质量发展的社会组织。为了推进我国社会组织高质量发展，本文从制度框架、组织体系及实施机制等层面提出了对策，认为应当构建松散耦联的政社关系、完善的内部治理体系及有效的监督与考核机制。

一、中国社会组织发展情况概览：现状与趋势

（一）中国社会组织发展基本现状

本文所探讨的社会组织指的是在民政部门登记的社会团体、基金会及民办非企业单位三类组织。总体来看，中国社会组织呈现出总体数量庞大、组织形式多样、涉及领域广泛、参与能力日强的特点。

1. 总体数量庞大

改革开放以来，中国在经济领域取得了举世瞩目的成就，值得注意的是，社会领域同样成就显著，社会组织蓬勃发展，并在中国社会治理事务上扮演着越来越重要的角色。截至2017年底，中国共有社会组织76.2万个，比上年增长8.4%，共吸纳社会各类人员就业864.7万人，比上年增长13.2%。在所有社会组织中，共有社会团体35.5万个，比上年增长5.6%，各类基金会6307

个，比上年增长 13.5%，民办非企业单位 40.0 万个，比上年增长 11.0%。从历年情况来看，中国社会组织呈现出持续增长态势，从 2010 年的 44.5 万个一直增长到 2017 年的 76.2 万个（见图 1）。

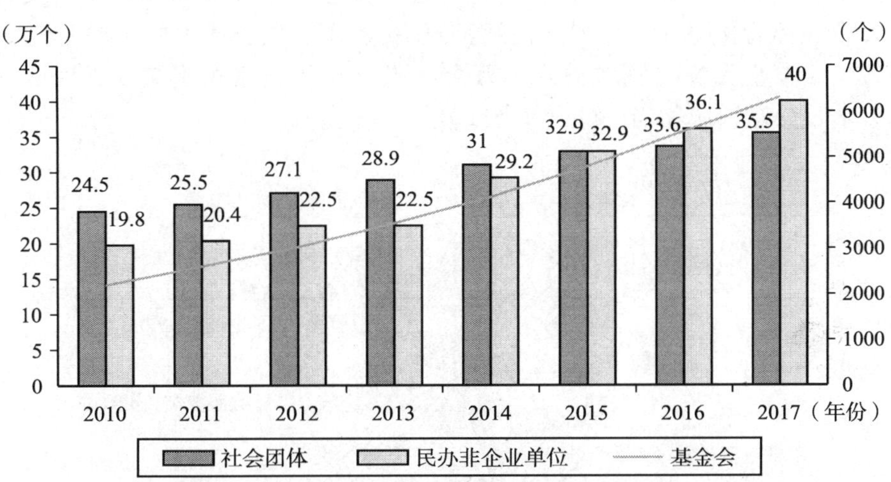

图 1　2010～2017 年中国社会组织发展趋势

资料来源：笔者根据历年《社会服务发展统计公报》整理。

2. 组织形式多样

中国 31 个省（区、市）社会组织形式多样，从政府分类看，大体上可分为社会团体、基金会及民办非企业单位三大类（见表 1）。进一步，还可分为基金会、社会服务机构、公益类社团、联合类社团、职业类社团、学术类社团及行业协会商会等不同类型。此外，还有各类实行备案制的城乡社区社会组织、在工商部门登记但从事公益活动的社会组织以及各类未登记的“草根”组织、境外组织或分支机构、无须登记或免于登记的人民团体等。总体来看，社会组织形式非常丰富，涉及领域也相当广泛，为我国经济社会发展做出了持续的贡献。

表 1　　2010～2017 年中国民政部门登记的各类组织情况

年份	2010	2011	2012	2013	2014	2015	2016	2017
社会团体（万个）	24.5	25.5	27.1	28.9	31	32.9	33.6	35.5
基金会（个）	2200	2614	3029	3549	4117	4784	5559	6307
民办非企业单位（万个）	19.8	20.4	22.5	22.5	29.2	32.9	36.1	40

资料来源：笔者根据历年《社会服务发展统计公报》整理。

3. 涉及领域广泛

中国社会组织遍及社会各领域，在各领域都发挥着积极的作用。从 2017 年的情况来看，在 35.5 万个社会团体中，工商服务类 3.9 万个、科技研究类 1.5 万个、教育类 1 万个、卫生类 0.9 万个、社会服务类 4.8 万个、文化类 3.9 万个、体育类 3 万个、生态环境类 0.6 万个、法律类 0.3 万个、宗教类 0.5 万个、农业及农村发展类 6.2 万个、职业及从业组织类 2.0 万个、其他 6.8 万个、分布领域相当广泛（见图 2）。

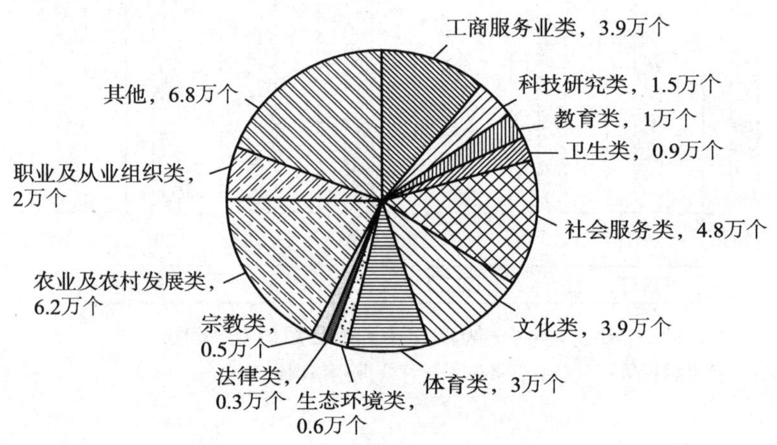

图 2　2017 年中国社会团体领域分布

资料来源：笔者根据《2017 年社会服务发展统计公报》整理。

基金会方面，2017 年的 6307 个各类基金会中，有公募基金会 1678 个、非公募基金会 4629 个。民办非企业单位方面，在 40 万个单位里，科技服务类 1.6 万个、生态环境类 501 个、教育类 21.7 万个、卫生类 2.7 万个、社会服务类 6.2 万个、文化类 2.1 万个、体育类 1.8 万个、法律类 1197 个、工商业服务类 3652 个、宗教类 115 个、国际及其他涉外组织类 15 个、其他 3 万个（见图 3）。

4. 参与能力日强

中国社会组织参与国民经济与社会发展事务的能力不断增强，这主要表现在三个方面：一是吸纳就业能力增强，从历年情况看，社会组织从业人员不断增加是一个基本事实，从 2012 年的 613.3 万人增加至 2016 年的 763.7 万人（见表 2），在经济新常态下，就业结构持续变迁，相信未来会有更多的人进入社会组织就业；二是社会组织固定资产持续增值，从 2012 年的 1402.8 亿元一直增加至 2016 年的 2739.9 亿元，尽管增速略有变化，但增长趋势不变，且势头较猛；三是社会组织增加值稳中有降，从前几年的情况来看，社会组织增加值呈平稳增长态势，2015 年起有所回落，2016 年大幅降低，这可能与中央在 2014 年开始推动社会组织变革有关，尽管如此，总体来看，社会组织在增加值方面仍有不俗的表现。

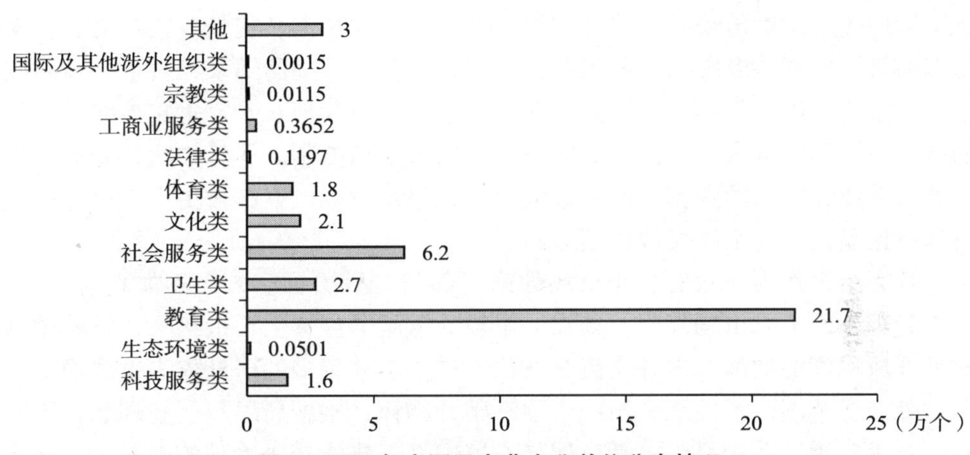

图 3　2017 年中国民办非企业单位分布情况

资料来源：笔者根据《2017 年社会服务发展统计公报》整理。

表 2　2012～2016 年中国社会组织从业人员、固定资产及增加值情况

年份	2012	2013	2014	2015	2016
从业人员（万人）	613. 3	636. 6	682. 3	734. 8	763. 7
固定资产总值（亿元）	1402. 8	1473. 6	1534. 7	2283. 4	2739. 9
社会组织增加值（亿元）	516. 3	564. 5	642. 1	516. 5	114. 8

资料来源：笔者根据民政部《中国民政统计年鉴》整理。

（二）中国社会组织发展的全新趋势

1. 技术治理的兴起

毫无疑问，我国改革开放以来所取得的成就，与科教兴国战略下的技术发展不无关系，在技术发展潮流下形成的技术治理浪潮不断渗透原来的科层治理体系，逐渐形成一种全新的治理模式。技术治理的具体表现在以下三个方面：一是技术应用。技术应用范围广泛，从最初的算盘到计算器再到计算机，从手工刻字印刷到计算机智能打印，从线下多部门分段办理到线上一站式服务，这一切转变均由技术进步所致，技术应用既使工作更加高效化，也使服务更加便利化。二是科学管理。科学管理理论兴起于美国，在改革开放后逐渐被引进中国，随着改革开放的深化，受过现代高等教育的新一代人逐渐进入我国各领域各行业工作，他们把前沿的管理思想带到新工作岗位，不断影响和改变其工作环境。科学管理注重对过程进行细致划分及对每个阶段工作技术开展研究，力求以最具效率的方式完成工作。科学管理涌入中国不仅提升了管理效率，也优化了管理效果，对传统科层式管理模式带去巨大的冲击。三是专家主义。技术治理的另一特征是专家主义的兴起，专家是专业化分工的结果，科学管理高度重视专家的作用，倡导专家以其专业技术参与组织管理。专家主义兴起对以往的科层主义构成重大威胁，因此在一定程度上受到抵制。尽管如此，专家主义因其对专业和技术的强调，能够极大地提升组织效率，逐渐被更为广泛的组织群体所接受，成为组织发展的新方向。

社会组织作为非政府、非市场的第三部门，科层管理方面不如政府部门，效率管理方面不如市场部门，处在一个较为尴尬的位置上。近年来，随着中国对外开放程度的加深，中外交流全方位推进，越来越多的国外先进思想涌入中国。处于变革潮流下的社会组织也逐渐敞开胸怀，接纳新思想、新理念，不断推进技术应用，运用科学管理，倡导专家主义，成为技术治理的先行者。技术治理的优越性逐渐为人们所认识，成为一股全新的潮流，假以时日，必将成为包括政府组织、市场组织及社会组织在内的所有组织推进改革的新方向、新目标。

2. 虚拟组织的勃兴

互联网的蓬勃发展极大地改变了人们的生活，压缩了时间和空间距离，互联网在组织中的运用，一方面提升了组织服务能力，优化了组织服务效率，方便了服务对象；另一方面，它既降低了人们对实体组织的依赖，也降低了实体组织之间的相互依赖，虚拟组织逐渐兴起，对传统实体组织形成了不小的冲击。虚拟组织有以下三个方面的特点：一是扁平化，虚拟组织是一种去层级化的组织，倡导部门间的水平合作，致力于打造扁平化的组织结构，以此减短组织命令链，提升沟通效率；二是动态性，虚拟组织的动态性是指合作部门之间合作的非固定性，在特定项目合作完成之后，可能继续合作，也可能不再继续合作，还可能在未来再次合作，合作与否取决于项目需要；三是松散性，虚拟组织的成员之间并不存在很强的连接关系，以一种“弱关联”的形式关联在一起，有机、灵活的整合是基本的合作原则，松散性并不意味着各合作部门之间的非协同性，事实上，一旦开展合作，各部门都将努力确保合作事项得以完成。

虚拟组织与其说是一种组织形式，不如说是一种关联模式，在传统的组织中，组织部门及成员依靠组织制度形成固定的紧密联结，在虚拟组织中，组织部门及成员依靠项目形成相对松散的弱联结，这种组织形式能够更加灵活、有机地整合多元资源，更有利于组织的长远发展。虚拟组织的兴起，既能够减轻对场地、人员等实体要素的依赖，又能够促进更广泛的资源整合，是组织未来发展的重要方向，中国社会组织要跟上世界第三部门发展潮流，应正视虚拟组织兴起的事实，积极地拥抱新理念、新思想，与时俱进、顺势而为，积极推进组织变革，适应新形势、新趋势。

3. 治理浪潮的兴起

以往的理论认为，处理公共事务只有政府和市场这两种方式，作为公共部门的政府以公平、公正原则为本对公共事务进行管理，而作为市场部门的各类营利性组织则以效率最大化为其基本原则行事，部分地参与到公共事务的管理之中。长期以来，在处理公共事务上，政府和市场是仅有的两个选项，直到埃莉诺·奥斯特罗姆（Elinor Ostrom）提出多中心治理理论之后，人们才认识到，除了政府和市场以外，在处理公共事务方面还有第三个选项，那就是非政府、非市场的第三部门。多中心治理理论的提出为第三部门的兴起提供了重要的理论支撑，而第三部门的兴起又进一步促使治理理论的产生和发展，治理理论的核心论点有：首先，治理是一个过程而非活动，治理的核心要义在于对公共事务的参与；其次，治理的目标是协调而非支配，强调协同多元行动主体而非以命令支配他们；再次，治理的主体非常多元，而非仅限单一的公共部门，既包含公共部门，也包含市场部门和第三部门；最后，治理并不是一种既定的制度设施，而是一套持续动态调整的规则体系。简而言之，治理是一种倡导去中心化、去层级化，倡导持续参与的全新公共事务处理模式。

在多中心理论及治理理论的推动下，西方发达国家兴起了治理化浪潮，第三部门通过各种方式积极参与全球治理化的进程中，在公共事务的治理方面发挥着越来越重要的作用，由此引发全球治理革命。治理浪潮的兴起表明，第三部门不仅有意愿也有能力参与到公共事务治理中去。未来，中国社会组织要进一步发展，必须突破当前的角色定位，紧跟时代潮流，主动融入全球治理的浪潮中去，更加积极地参与公共事务治理，发挥作为第三部门应当发挥的作用。

二、国家与社会关系视野下的中国社会组织：机制与解释

（一）作为分析框架的国家与社会关系

要推进我国社会组织的高质量发展，首先应当理解我国社会组织现象，只

有在清楚、深刻地理解中国社会组织的发展现状、运作机制之后，才能够明确其进一步发展面临的现实问题，在这个基础上，才能够相应地提出应对措施。理解中国社会组织，不能仅从社会组织自身的运作上入手，需要把社会组织置于更宏大的背景下去考察，社会组织作为一股非政府力量，首要任务是处理其与政府部门之间的关系，因为政府与社会组织间的关系将直接影响到社会组织的未来发展，只有在一个稳定可预期的环境里，社会组织的可持续发展才有可能实现，抛开宏观大环境谈社会组织发展，不仅无助于理解社会组织，也无助于社会组织的未来发展。

一直以来，国家与社会关系是学者们用于分析作为公共部门的政府和作为第三部门的社会组织之间关系的一个常用视角。乔·米格代尔（Joe S. Migdal, 1988）把国家和社会分为强、弱两类，在此基础上，组合形成了四种国家—社会关系类型（见表 3）。美国自建立以来便深受自由主义思潮的影响，倡导公民结社，主张限制政府权力及边界，因此其公民社会非常发达而政府力量相对弱小，是典型的弱国家—强社会型国家，可以认为美国的国家是嵌入在强大的社会之中的。中国则与美国相反，几千年以来，中国的国家都是围绕封建皇权而建构的，以皇权为核心形成封建的家国一体的复杂统治体系，遵循“普天之下莫非王土，率土之滨莫非王臣”的基本原则建构大一统家国体系，那时只有家国之分，尚无国家与社会之分。1912 年清朝末代皇帝逊位，进入中华民国时代，彼时西学东渐，西方的结社思想逐渐传入中国，才逐渐形成与政府相对的政党及其他各类社会组织。

表 3　　米格代尔国家与社会关系分类

社会 / 国家	强	弱
强	强国家—强社会	强国家—弱社会
弱	弱国家—强社会	弱国家—弱社会

资料来源：笔者整理。

尽管各类组织开始兴起，民间社会体系逐渐形成，但其影响力也远远不及政府，政府作为唯一的权威来源的基本事实没有改变，就中国的实际情况而言，社会是嵌入国家之中而存在的。社会依附于国家并从国家中获取生存资源，国家则以多种形式利用社会力量，实现对全社会的总体控制。不少学者对中国国家与社会的控制与依附关系进行了详尽的研究；例如，杜赞奇（2010）研究发现，中国的国家权力之触角可以通过文化这个重要的载体延伸到社会的各个角落，并提出“权力的文化网络”（cultural nexus of power）的概念来描述这类现象，[①] 许慧文（1988）则研究了中华人民共和国成立后中国政府对乡村社会的全面控制，她认为中华人民共和国成立后政府对社会的控制强化了，并用蜂窝形结构（honeycomb）来描述那时的国家结构，指出那时的每个人民公社、生产大队及生产小队之间在横向上彼此孤立，仅在纵向上受到上级的控制，它们就像一个个“蜂窝”一样，一起构成了中国政府的社会控制结构。而正是通过这种蜂窝形结构，政府把其触角伸向了社会最深处，实现了对社会的完全控制。[②] 邹谠（1994）则用全能主义（totalism）的概念来概括当代中国的国家特征，他指出，中国政府主导了政治、经济、社会等方方面面，政治机构的权力可以随时、无限地侵入控制社会每一个阶层和每一个领域的指导思想而不受任何限制。[③]

在政府对社会的利用方面，黄宗智（2008）通过研究清代地方诉讼案件发现，地方政府大量地使用所谓的“准官员”来实现其治理并控制社会的目的，他用“集权的简约治理”（central minimalism）来概括他所观察到的现象。[④] O. 申卡尔（O. Shenkar，1996）则在考察中国的“单位”制时发现“单位”是一个霍夫曼说的“完全性组织”（total institution），中国政府通过“单位”这种完全性组织控制了城市生活的方方面面。[⑤] 显然，中国的国家与社会关系是典型的强国家—弱社会型，在这种国家—社会关系框架下，政府具有不容挑战的权威，社会组织则依附于国家而生存，当然这并不意味着社会组织完全是被动的依附者，事实上，尽管社会组织只能在既定的框架内运作，它们依然具有一定的能动性，有一定程度的相对自主性。

（二）强国家—弱社会下的中国社会组织运作及其解释

那么，在强国家—弱社会的国家社会关系框架下，中国社会组织是如何运作的呢？如上文所述，在强国家—弱社会宏观结构下，中国的社会组织基本上依附于政府部门而发展，在这种局面下，政府部门的行为便极大地影响着社会组织的行为。由于中国政府体系内部呈现出典型的“条块分割”特征，来自不同部门的行政命令及政策要求均有可能汇集到特定的社会组织上，也就是

① 杜赞奇．文化、权力与国家：1900～1942 年的华北农村［M］．南京：江苏人民出版社，2010.

② Shue，V．．The Reach of the State：Sketches of the Chinese Body Politic［M］．California：Stanford University Press，1988.

③ 邹谠．二十世纪中国政治［M］．中国香港：牛津大学出版社，1994.

④ 黄宗智．集权的简约治理：中国以准官员和纠纷解决为主的半正式基层行政［J］．开放时代，2008（1）.

⑤ Shenkar，O．．the Firm as a Total Institution：Reflections on the Chinese State Enterprise［M］．Organization Studies，1996，No. 17.

说，中国社会组织的宏观政策环境存在多重信号，不同政府部门的多重行为逻辑并存。在这种情况下，面对非协同的宏观政策环境，社会组织会策略性地应对外部环境，以各种策略来拓展资源并获得发展机遇（黄晓春、嵇欣，2014）。[①] 一般而言，社会组织在中国发展都面临着一个双重困境，即合法性和经济资源双重困境，如何获取组织合法性及组织经济资源是所有社会组织均需解决的重大问题，邓宁华（2011）从社会学的新制度主义及资源依赖理论视角出发，考察了体制内社会组织的环境适应策略，他发现为了应对上述双重困境，缺乏社会基础的体制内社会组织会凭借和利用国家的特殊合法性支持而进入社会领域中以汲取资源，展现出某种类似“寄居蟹的艺术”的策略。[②]

从国家的层面来看，在过去较长的一段时间里，政府确实有控制社会组织的需求，发展出“单位制”[③] 并将其作为控制全社会的一种重要手段，形成“全能性主义”[④]（totalism）国家控制体系，形成所谓的“总体性社会”。[⑤] 随着改革开放的推进及社会主义市场经济体制的确立，国家开始促进市场及社会力量的发展，逐渐放松管制，形成了所谓的“分类控制”体系，[⑥] 以行政吸纳社会，维系对社会的有限控制。当然，随着经济社会的发展，政府对社会组织不仅有控制需求，还有发展需求，政府通常在发展与控制之间选择其策略，到底什么策略会被选择则取决于政府对社会组织的依赖程度，社会组织向政府施压、游说、议价能力等多种要素（田凯，2016）。[⑦] 江华等人（2011）则研究认为，国家与社会组织的利益契合程度将决定政府对社会组织采取控制还是支持的策略，[⑧] 显然政府将会对那些利益与之切合的社会组织给予支持，而对那些利益与之不契合的社会组织采取控制策略，相应地，社会组织为了自身的发展自然会采取各种措施来增加其与政府的利益契合程度。

近年来，有学者声称观察到了政府对社会组织管理策略的变化，认为当代中国政府在社会组织管理体制方面正逐步从分类控制转向嵌入型监管（刘鹏，2011），[⑨] 从分类控制向嵌入型监管的转变意味着政府对社会组织态度的转变，从控制向监管的转变象征着政府对社会组织的松绑解套，社会组织由此获得更

① 黄晓春，嵇欣．非协同治理与策略性应对——社会组织自主性研究的一个理论框架［J］．社会学研究，2014（4）．

② 邓宁华．寄居蟹的艺术：体制内社会组织的环境适应策略［J］．公共管理学报，2011（3）．

③ 路风．单位：一种特殊的社会组织形式［J］．中国社会科学，1989（1）．

④ 邹谠．二十世纪中国政治［M］．中国香港：牛津大学出版社，1994．

⑤ 孙立平．社会转型：发展社会学的新议题［J］．开放时代，2008（2）．

⑥ 康晓光，韩恒．分类控制：当前中国大陆国家与社会关系研究［J］．社会学研究，2005（6）．

⑦ 田凯．发展与控制之间：中国政府部门管理社会组织的策略变革［J］．河北学刊，2016（2）．

⑧ 江华，张建民，周莹．利益契合：转型期中国国家与社会关系的一个分析框架［J］．社会学研究，2011（3）．

⑨ 刘鹏．从分类控制走向嵌入型监管：地方政府社会组织管理政策创新［J］．中国人民大学学报，2011（5）．

多的发展空间。但无论如何变化，政府对社会组织都有控制和发展的基本需求。对于中国组织而言，无论形式怎么发展，它们都需要适应中国强政府—弱社会基本框架下的多元政策环境，在应对多重政策信号的过程中寻求组织发展的最大空间。

（三）高质量发展诉求下的组织运作：相对自主性、自足性与公共参与

那么，在中国强国家—弱社会宏观结构下，在面临着来自政府的控制与发展需求以及来自内部的合法性和经济资源需求的局面下，社会组织的高质量发展应当是怎样的发展？

首先，需要明确的一点是，国家始终对社会组织具有控制需求与发展需求，在两类需求中控制需求占据主导地位，不受政府控制的社会组织不可能合法地存在，这意味着中国的社会组织不能完全脱离政府的影响而独立存在，社会组织可以有一定的自主性，但这种自主性必须是在现行体制的框架内。

其次，国家对社会组织的发展需求要求社会组织不能完全成为政府的附属组织，国家无意全面介入社会组织，因为全面介入会导致注意力分配及管理成本问题，增加国家负担。这就要求社会组织要能够实现管理上的自主性及资源上的自足性，实现自我管理、自主发展及自足发展。

再次，国家对社会组织的发展需求进一步要求社会组织积极参与公共事务治理，协助国家治理公共事务，减轻国家的公共事务治理负担，实现社会的共建、共治、共享，提升人民的获得感和幸福感。

最后，社会组织的合法性需求要求社会组织必须维持其与政府的密切联系，以此来获得民众普遍认可的合法性资源。而其经济资源需求则要求社会组织必须实现自足发展，能够不在经济来源上依附于政府部门，而更多地通过市场化方式提供服务或物品而获取经济资源。

我们把社会组织划分出相对自主性、自足性及参与性 3 个维度，并在每个维度里引入高、低两类程度，便能够形成 3 × 2 的 6 类社会组织类型，其中的高相对自主性、高自足性及高参与性类组织便可称为高质量的社会组织（见表 4）。高相对自主性意味着，社会组织能够实现内部的自主治理而不给政府部门增加管理负担；高自足性意味着，社会组织能够在经济来源上实现自给自足而不会给政府增加财政负担；高参与性意味着，社会组织能够有效且广泛地参与公共事务治理，促进公共利益，提升公民福利，能够有效地减轻政府公共治理负担。

表 4　社会组织类型

程度 / 维度	相对自主性	自足性	参与性
高	高相对自主性	高自足性	高参与性
低	低相对自主性	低自足性	低参与性

资料来源：笔者整理。

三、中国社会组织发展困境：问题与原因

（一）中国社会组织发展面临的基本问题

1. 组织合法性不足

组织合法性不足并不是指其法律意义上的合法性不足，这个组织合法性的概念来自社会学的新制度主义学派，约翰·迈耶和布莱恩·罗恩（John W. Meyer and Brian Rowen，1977）认为，不同领域的组织采取相类似的正式组织结构是为了与正统组织神话相统一，其目的是获取合法性，而组织的实际运作通常会与其正式结构脱耦（decouple），形成松散耦联（loosely coupling）的组织内部关系。[①] 在他们那里所谓的合法性指的是组织及其行动是“可欲的、正当的或恰当的”，与所谓的“恰当性逻辑”（logic of appropriateness）相一致，组织一般通过与公认具有广泛权威性的组织同构来获取这种恰当性意义上的合法性，而组织同构的手段主要包括强制、规范和模仿（DiMaggio and Powell，1983）。[②] 中国社会组织面临的问题是，社会公众只认可政府的权威性和合法性，而对社会组织的合法性存有疑虑，中国民众并不会因为社会组织在结构上与正式的政府组织相同便认同其合法性，这导致社会组织在参与公共事务治理方面面临合法性不足的问题。

2. 组织独立性不足

社会组织的独立性不足主要表现在以下三个方面：一是行政独立性不足。中国的社会组织实行双重管理体制，登记和监管由民政部门负责，业务主管则由各相关领域政府部门负责，由于历史原因，社会组织与其主管行政单位间形成了非常密切的联系，部分社会组织成为过去政府机构改革分流人员及政府退

① Meyer J.，Rowan B.. Institutionalized Organizations：Formal Structure as Myth and Ceremony［J］. American Journal of Sociology，1977，Vol. 83，No. 2，pp. 340 – 363.

② DiMaggio，Paul & Walter Powell. The Iron Cage Revisited：Institutional Isomorphism and Collective Rationality［J］. American Sociological Review，1983，Vol. 42，pp. 726 – 743.

体人员的去处，导致其行政独立性不足。二是财务独立性不足。不少社会组织直接从政府部门获得运作经费，由政府部门授权承担部分管理其他社会组织的职能，形成所谓的支持性或枢纽型社会组织，它们完全由政府财政拨款，承担部分行政职能，沦为所谓的“二政府”。三是资产独立性不足。不少社会组织由机关事业单位转制而成，依然使用行政或事业单位的资产，较少拥有独立的资产，这使其更加依赖其主管机构，资产独立性严重不足。

3. 组织参与性不足

中国社会组织参与性不足主要表现在以下三个方面。一是参与的公共性不足。不管是社会团体，还是基金会或民办非企业单位，都有一个共同的特点，即它们为了实现特定的目标而成立，而这些目标更多地是为少数群体的利益服务而非为增进最广大人民的根本利益服务，因此中国社会组织在参与社会治理方面呈现出公共性不足的特点。二是参与的范围有限。社会组织参与领域受政府限制，很多领域不允许社会组织参与其中，因此，社会组织的参与范围较为有限。三是参与的程度不深。中国社会组织发育程度普遍较差，独立性、自足性弱，导致其仅能较为有限地参与公共事务治理。一般而言，少数支持性及所谓的“枢纽型”社会组织参与社会治理事务程度较深，这可能一方面得益于其较为完善的组织体系，另一方面可能得益于其与政府的密切关系。

4. 组织治理能力弱

中国社会组织治理能力弱主要表现为以下三个方面。一是行政色彩浓厚。如上文所述，中国社会组织实行双重管理体制，登记和监管由民政部门实施，业务指导和主管则由其对口政府部门实施。在实际运作中，中国社会组织与其主管部门形成了紧密的联系，不少社会组织沦为其主管部门的下属单位，行政色彩浓厚，等级观念普遍。二是治理体系不完善。在深受传统行政文化及行政体系影响的情况下，社会组织呈现出官僚化层级化的特征，不仅在结构上与行政机构趋同，在文化上也逐渐趋同，这导致组织在治理体系和治理能力现代化方面进展缓慢，尚未形成完善的治理体系。三是治理理念缺乏。社会组织行政化的结果是组织内部传统管控思维严重，体系较为僵化，成员观念更新不足，较为缺乏平等、多元、互动的治理理念，组织整体活力不够动力不足。上述三个方面因素共同导致中国社会组织在整体上呈现出治理能力偏弱的特点。

（二）中国社会组织发展困境的原因分析

1. 法律环境及政策限制

法律环境及政策限制主要表现在以下三个方面。一是法律制度不健全。目前仅有针对社会团体、基金会及民办非企业的三项登记管理条例，尚无专门法律，使得社会组织的发展处于无高阶法律指导的状态，各管理条例不统一，各行其是，统一立法亟待推进。二是政策不完善。目前针对社会组织尚无统一立法，社会组织的管理主要依靠部门政策意见来实现，而政策意见的出台是实际问题导向的，通常在面临较为紧迫的急需解决的实际问题时启动。这一方面导致政策出台滞后于实际管理需求，另一方面也导致前后政策的非连续性和政策整体上的非系统性，在缺乏科学谋划、统一部署的情况下，“打补丁”式出政策无助于社会组织的长远发展。三是政策执行不到位。不少相关政策在出台后被束之高阁，或在地方被各种非正式运作规避，执行不到位或选择性执行现象普遍，政策效果不尽如人意。

2. 社会发展环境限制

社会发展环境限制主要表现在以下三个方面。一是宏观制度环境的限制。当前，我国的社会管理制度遵循“归口登记，双重管理，分级负责”的原则，在行政管理上较为复杂，不同部门基于自身利益形成不同的制度，而不同的制度逻辑均影响着社会组织，导致社会组织面临非协调的制度环境，处境较为艰难。二是经济环境的限制。社会组织区别于其他组织的最显著特征是其非政府非营利性，社会组织的非营利性决定了其在经济资源获取方便必定面临着较大的困难，这导致社会组织倾向于依附政府而获取资金。尽管目前政府大力推进购买服务为社会组织的经济来源提供了一个可能保障，但政府购买服务更多地面向高效率的市场部门而非社会组织，社会组织的经济环境不容乐观。三是文化环境的限制。长期以来，社会部门通常被认为是政府部门和市场部门之外的剩下部门，既没有政府的行政权力，也没有市场部门的资源集聚能力，不被广大社会公众所了解和认识；另外，在长期的强国家传统熏陶下，人们在文化心理上有浓厚的尊崇权威的思想，对于非政府的社会组织缺乏认可和信任，这使得社会组织难以在更为广泛的领域里拓展其业务空间。

3. 自身发展水平的限制

社会组织自身发展水平限制主要表现为以下三个方面。一是经济资源不足。尽管不少基金会类及民办非企业类社会组织不缺经济资源，但总体来看，社会组织经济资源不足现象较为明显，不少社团经费来源是财政拨款或行政收费，自给自足的社会组织占比少，筹资能力弱，资产保值增值能力有限。二是人力资源不足。不少社会组织沦为退休人员的聚集地，他们年事已高、思想固化、知识陈旧，对社会组织日常运作参与有限，年轻的专业化人才严重不足，制约着社会组织的未来持续发展。三是制度资源不足。由于我国社会组织具有强烈的行政色彩，在组织结构、制度安排及人事管理等方面照搬了政府管理体系，在制度建设方面未能与主流社会组织的治理体系接轨，治理体系和治理能力现代化方面还有很长的路要走。

四、中国社会组织高质量发展的路径选择：理论探讨与实践对策

（一）理论探讨：作为“外形化”的组织

上文曾指出，高质量发展的社会组织是具有高相对自主性、高自足性和高参与性的社会组织，那么如何打造具有这种特性的社会组织呢？如上文所述，理解中国社会组织的组织行为及组织现象，必须把其放置在更为宏观的国家社会大背景下考察，在强国家—弱社会的宏观结构下，中国政府对社会组织既有控制需求也有发展需求，且控制需求高于发展需求，应该如何协调这对相互矛盾的需求呢？政策理论及社会学的新制度主义的相关思想能够给予一些启示。

在政策研究的文献中，有一些文献重点研究了决策的模糊性及偶然性问题，迈克·科恩和詹姆斯·马奇（Michael D. Cohen and James G. March，1972）认为，决策过程中的决策问题、决策者、决策方案和决策时机都是随机地组合在一起的，因此提出了一个决策的“垃圾桶模型”；在他们看来，决策问题、决策者、决策方案等重要的决策要素之间的关系类似于一种“无政府主义状态”。但这并不意味着它们真的处于无政府状态，因为，尽管它们被像倒垃圾一样倒入“垃圾桶”而形成决策结果这个过程看似随机或偶然，但作为“垃圾桶”的决策程序和决策场所起着重要的约束作用，看似无政府的状态背后其实隐藏着一股组织化的力量，[①] 他们以“组织化的无政府状态”（organized anarchy）来描述这种现象。

另外，J. 迈耶和 B. 罗恩（J. Meyer and B. Rowen，1977）研究发现，制度化的组织正式结构，通常起着“神话和仪式”的作用，一般组织之所以采用某种特定的正式结构，是因为通过该种正式结构可以获取组织的合法性，在面对组织正式结构与其实际运作相矛盾的局面时，组织会采取脱耦（decoupling）的策略来分离组织结构和组织运作，形成松散耦联的组织内部关系。[②]

上述两项研究的共同点是，要素（不管是决策要素还是组织要素）能够在特定框架下形成松散耦联的关系。这给我们的启示是，在面临看似无法调和的矛盾时，可以采取更为灵活的策略来应对。具体到政府与社会组织关系上，

---

① Cohen, Michael D.; March, James G. and Olsen, Johan P.. A Garbage Can Model of Organizational Choice [J]. Administrative Science Quarterly, 1972, Vol. 17, No. 1, pp. 1 - 25.

② Meyer J., Rowan B.. Institutionalized Organizations: Formal Structure as Myth and Ceremony [J]. American Journal of Sociology, 1977, Vol. 83, No. 2, pp. 340 - 363.

同样可以采取松散耦联的策略在二者间建立更为灵活的关系，使组织“外形化”,① 并分离其组织结构与内部运作。

（二） 实践对策：制度框架、组织体系与实施机制

1. 宏观制度框架：松散耦联的政社关系

推动中国社会组织的高质量发展，提升社会组织的相对自主性、自足性和参与性，首先需要在政府和社会组织之间构建某种松散的耦联关系。一方面，在松散维度上，可以继续推进以行业协会商会与行政机构脱钩为代表的政社分开工作，切实现实政府与社会组织在行政管理、财务管理及资产管理等方面的分离，强化社会组织的独立法人地位，提升其自主管理、自足发展能力，扩大其参与公共事务管理的能力、范围和程度。另一方面，在耦联的维度上，可以通过政府监管及经济扶持的手段来实现政社有机关联，具体而言，可以采用强化监管及政府购买服务等手段，实现政府和社会组织的有效联结。监管机制建设方面，要大力推进综合监管体系建设，构建日常监管、年检年报及黑白名单制度相结合的综合监管体系，以综合监管管理社会组织。政府购买服务方面，考虑到我国社会组织发育程度低，自力更生能力较弱，可在一个相对较长的时期内通过向社会组织购买服务的形式为其提供经济资源，形成完善的政府向社会组织购买服务制度，扶持社会组织向独立自主发展迈进。

2. 中观组织体系：完善的内部治理体系

大力推进社会组织治理体系改革，一是推动社会组织法人治理结构改革，加快推进社会组织治理体系改革。首要的是推进其法人治理结构改革。法人治理是21世纪组织发展的大势所趋，应高度重视积极推进，要大力推进社会组织理事会建设，优化理事会人员结构，切实保障理事会的领导和决策权，实行理事会领导下的会（院、校）长负责制。二是推动社会组织内部管理体系改革，优化组织内部结构，完善内部管理制度，强化社会组织章程建设、决策机制建设、管理制度建设、监管制度建设及考核制度建设，构建集体审议、独立表决、个人负责的决策体系，明确管理层与理事会的职责。三是强化社会组织人才队伍建设，政府部门应停止向部分社会组织安排退休人员及改革分流人员，切实保障社会组织依照法律、法规和章程自主决定本组织内部机构和岗位设置、制订公开招聘工作人员方案和竞聘上岗办法的权利，让社会组织自行组织人员聘用和竞聘上岗工作，社会组织应加大人才队伍建设力度，积极吸纳新生力量加入社会组织，推进社会组织人才队伍的专业化、年轻化。

---

① 田凯．组织外形化——非协调约束下的组织运作［J］．社会学研究，2004（4）．

3. 微观实施机制：有效的监督与考核机制

推进社会组织的高质量发展，提升其相对自主性、自足性和参与性，必须构建完善的微观实施机制，对社会组织实施系统监督和评估。

在监督机制方面，一是要构建政府对社会组织的监管体系，统筹推进日常监管、年检年报及黑白名单制度相结合的综合监管体系建设，强化政府登记部门和主管部门的监督责任，狠抓监管落实，把各项监管制度落到实处；二是要构建社会组织内部监管体系建设，推进社会组织监事会建设，提高专职监事比例，增强监事会的独立性和权威性，对理事会和管理层的决策管理行为实施全方位监督；同时，要加大力度推进以社会组织会员代表大会为基本形式的社会组织民主管理制度建设，支持和保障会员代表大会依法行使职权，加强会员民主管理与监督。

在考核机制方面，应强化政府主管部门对社会组织的考核评估，构建包含自主性、自足性和参与性等维度在内的多元考核评估体系，以评估考核引领社会组织发展。具体操作上，可在政府向社会组织购买服务中引入评价机制，鼓励同类型社会组织间的适度竞争，让社会组织在竞争中发展壮大，在政府部门监管考核中迈向高质量发展之路。

参考文献

[1] 邓宁华．寄居蟹的艺术：体制内社会组织的环境适应策略［J］．公共管理学报，2011（3）．

[2] 杜赞奇．文化、权力与国家：1900～1942年的华北农村［M］．南京：江苏人民出版社，2010.

[3] 黄晓春，嵇欣．非协同治理与策略性应对——社会组织自主性研究的一个理论框架［J］．社会学研究，2014（4）．

[4] 黄宗智．集权的简约治理：中国以准官员和纠纷解决为主的半正式基层行政［J］．开放时代，2008（1）．

[5] 江华，张建民，周莹．利益契合：转型期中国国家与社会关系的一个分析框架［J］．社会学研究，2011（3）．

[6] 康晓光，韩恒．分类控制：当前我国与社会关系研究［J］．社会学研究，2005（6）．

[7] 刘鹏．从分类控制走向嵌入型监管：地方政府社会组织管理政策创新［J］．中国人民大学学报，2011（5）．

[8] 路风．单位：一种特殊的社会组织形式［J］．中国社会科学，1989（1）．

[9] 孙立平．社会转型：发展社会学的新议题［J］．开放时代，2008（2）．

[10] 田凯．组织外形化——非协调约束下的组织运作［J］．社会学研究，2004（4）．

[11] 田凯．发展与控制之间：中国政府部门管理社会组织的策略变革［J］．河北学

刊，2016（2）.

［12］邹谠．二十世纪中国政治［M］．中国香港：牛津大学出版社，1994.

［13］Cohen，Michael D．. March，James G. and Olsen，Johan P．，A Garbage Can Model of Organizational Choice［J］. Administrative Science Quarterly，1972，Vol. 17，No. 1，pp. 1－25.

［14］DiMaggio，Paul. Walter Powell. The Iron Cage Revisited：Institutional Isomorphism and Collective Rationality［J］. American Sociological Review，1983，Vol. 42，pp. 726－743.

［15］Meyer J．，Rowan B．. Institutionalized Organizations：Formal Structure as Myth and Ceremony［J］. American Journal of Sociology，1977，Vol. 83，No. 2，pp. 340－2363.

［16］Shenkar，O．. The Firm as a Total Institution：Reflections on the Chinese State Enterprise［J］. Organization Studies，1996，No. 17.

［17］Shue，V．. The Reach of the State：Sketches of the Chinese Body Politic［M］. California：Stanford University Press，1988.